田中 優 Masaru Tanaka

学生・教職員・
自治体職員・
地域住民のための
**地域連携
PBLの実践**

ナカニシヤ出版

まえがき

　近年，学生を大学の外に連れ出し，地域社会の課題に直面させて教育しようとする，いわゆる「Problem Based Learning」もしくは「Project Based Learning」[1]（以下，本書ではとくに断りのない限り，この二つを総称して「PBL」と呼ぶ[2]）の試みが散見されてきている[3]。こういった「PBL」では，受け入れる地域側としては，地域活性化・再生などの担い手として学生を位置づける一方，学生にとって，社会の仕組みや職業（地域住民）を身近なものとして捉えるよい機会となり，学習意欲の向上や就業力・課題解決能力育成の効果も期待されるところである[4]。しかし，教職員の側では，大学内外の関係者への協力要請やPBLのフレームづくりとその管理（維持），さらには予期せぬトラブルへの対応など，大学内では完結しないさまざまな課題に直面することにもなっている（受け入れる地域側としても同じことがいえる）。

　そこで本書では，ここ数年，筆者が勤務する大学において取り組み，地域協働におけるまちづくり分野でも評価を受けている，「ひと・まち・であう」／「ひと・ま

---

[1] 「課題解決型教育（Problem Based Learning もしくは Project Based Learning：PBL）」とは，学生が自ら課題を見つけ，その解決法を考えることを目的とした教育のことである。現実的な課題に取り組み，解決を志向するため，座学を中心とした従来の教育と区別されることが多く，少人数によるグループ活動を用いることが多い。この現実の課題を扱い，その解決を目指すという二つの特徴が，教育を通じた地域課題の解決という目的と親和性が高く，実際に地域課題を扱うPBLが各大学で取り組まれ，事例報告がなされている。他方，教育的効果の観点からは，学生の総合的な能力を高めること，学生が大学で習得した知識・考え方などを具体的に活用する能力を高めることができることが期待できる（石井，2012：86）。なお，Problem Based Learning と Project Based Learning の定義の違いなどについては，Savery（2015）を参照のこと。
[2] 日本におけるPBL研究を網羅的にレビューした論考としては，山口（2017）を参照されたい。なお，本書では最終的に，「場所を通じた学び」として，「Place Based Learning」も提示しており，これも含めて「PBL」と呼称することにしたい。
[3] この背景には，2012（平成24）年8月28日に出された中央教育審議会の「新たな未来を築くための大学教育の質的転換に向けて―生涯学び続け，主体的に考える力を育成する大学へ（答申）」〈http://www.mext.go.jp/component/b_menu/shingi/toushin/__icsFiles/afieldfile/2012/10/04/1325048_1.pdf（最終確認日：2018年12月11日）〉の存在がある（同「答申」，p.9，pp.24-25参照）。

ち・つくる」プロジェクト[5]というPBLフレームの実践を取り上げ，そこで培われたノウハウを紹介するとともに，現在PBLに取り組んでいる，あるいは，これから取り組もうとしている関係者にとっても役に立つ（スタッフとしての大学職員の関わり方や受け入れ地域の自治体職員との関わりなども含めた）内容[6]を示すこと

---

[4] 河合塾（2011：5-14, 274-276）にもあるように，大学の教育力向上のツールとして，PBLへの期待は大きい。もちろん，2016年12月21日に次期学習指導要領へ向けた中央教育審議会答申で示された通り，初等・中等教育現場においても，「社会に開かれた教育課程」を実現するPBL（アクティブ・ラーニングの視点からの学び）の占める位置は大きくなってきているといえる（「幼稚園，小学校，中学校，高等学校及び特別支援学校の学習指導要領の改善及び必要な方策等について（答申）（中教審第197号）」〈http://www.mext.go.jp/b_menu/shingi/chukyo/chukyo0/toushin/1380731.htm（最終確認日：2018年12月11日）〉）。ただし，ベネッセ教育総合研究所の調査によると，大学でアクティブ・ラーニングの導入などによる授業改革が進む中，学生側の学ぶ姿勢は逆に受け身になってきていることも指摘されている（2017年8月10日付『日本経済新聞』）。

[5] このプロジェクト（PBL）の名称については，本書で何度となく出てくるので，ここで由来などを説明しておきたい。「ひと」が「まち」で「であい」，「まち」を「つくる」という思いを込めて，筆者が命名したものだが，最初の3年間（後述する「戦略的予算」の期間内：2010-12年度）は，学生と地域住民双方が「であい」，お互いの共通理解や信頼関係を育むことに焦点をあてたので，「ひと・まち・であう」プロジェクトという呼称を用いている。2013年度以降の展開では，協働による課題解決を中心とするという方向性を示すべく，「ひと・まち・つくる」プロジェクトというPBL名称で統一している。

[6] 無論，ここには地域アクターへの示唆も含むことになるが，これまで，地域側にとっては大学との連携は敷居の高いものであったはずだ。ただ，それはこれまでのことであって，大学自体が地域志向に傾く中で，今が大きなチャンスともいえる（たとえば，総務省過疎対策室の調査によると，集落活動を支援している集落外の主体としては，「NPO法人，任意団体」（35.9%）に次いで，「高校・大学などの教育機関や研究機関」が多くなっている（総務省地域力創造グループ過疎対策室「過疎地域における集落対策及びソフト事業の実施状況に関する調査報告書（平成24年3月）」〈http://www.soumu.go.jp/main_content/000161239.pdf（最終確認日：2018年12月11日）〉）。地域にとっては，さまざまな課題を解決するべく，大学の資源はぜひとも活用していかなければならない（とはいえ，総務省地域力創造グループ人材力活性化・連携交流室「大学教員との地域実践活動の現状について（平成23年8月）」（〈http://www.soumu.go.jp/main_content/000128052.pdf（最終確認日：2018年12月11日）〉）によると，大学教員との地域実践活動を「現在実施している」「過去に実施していた」自治体は全体の約5割を占めるものの，この数値は，半分もの自治体がいまだ大学を活用していないことの証左にもなっている）。そこで，本書のもう一つのねらいとして，そのための処方箋的な提言も示したい。

にしたい。

　そのため，今回は比較しやすいように二つのパターンを準備した。一つは，地域住民や地域自治組織・NPO法人などが，どのように大学とつながり，地域課題を解決することができるのか，そしてシステムとしても，プログラムとしても，大学とどういった協働が仕組めるのかということを提示してみた。もう一つは，自治体組織が，どのように大学を活用するのかということについて扱った事例である。これまで，ややもすると，審議会などにおける大学教員の活用や，自治体主催イベントにおける学生のボランタリー的な動員でしかなかったことを，本当の意味で協働に持ち込むには何がポイントかということを考察した。

　ただ率直にいえば，本書でまとめたことはいまだ発展途上で，しかも多分にゲリラ的な取り組みによる成果である。学部学科として，あるいは大学全体としての完成型にはほど遠いだろう[7]。

　しかしながら，このような取り組みであれば，PBLを地域貢献・協働[8]プログラムとして始められるのだと思っていただきたい[9]。結果的に，地域に貢献し，大学資源を還元し，協働による課題解決を図るような営為を通じ，学生を含めた関係者が育っていくような，二兎を追う教育スタイルが，今後の大学教育のメインストリームになることを信じてやまないからこそ，本書が貢献できることはあると考えて

[7) たとえば，学部学科としていうなら，京都学園大学経営学部や九州産業大学経営学部事業開発コースの取り組みは非常に参考になるし，ましてや，広島経済大学などは，中小規模の大学にとって一つの理想型を示している〈http://www.consortium.or.jp/wp-content/uploads/fd/1608/2f3a2f294c5e1b49d27dbff3f16ed82f.pdf （最終確認日：2018年12月11日)〉。

8) 本書においてもっとも頻出するキーワードは「協働」であるが，ひとまず，「①異質なアクターが，②共通の目標のために，③対等かつ相互に自立した形で協力すること，また，そのような関係性を維持するために，④相互の理解や信頼関係を醸成すること」（原田他，2010：26）として理解をしておきたい。したがって，本書の趣旨からすると，地域住民や団体・NPOなどと大学・教職員・学生らが，たとえば地域活性化という共通目標へ向けて，関係者間の意思疎通やコミュニケーションをしっかりととりながら，お互いの資源を使い交換し，ルールに基づいた課題解決行動を図ることが予定されているといえよう。

9) 石井（2012）によると，大学による地域貢献は，①研究提供型，②施設提供型，③教育連携型の三つに分類されているが，本書で紹介している事例内容は，③教育連携型（「大学の教育プログラムを通じた活動及び成果を地域に提供するもの」及び「人的資源，物的資源，資金的資源，情報的資源の総合的な提供」）に該当している。

いる。地域課題をもとに，あるいは学生を地域に連れて行き，どのように PBL を展開していけばいいのか暗中模索で悩んでいる大学教員などに，「何だ，こんなものでいいのか」と思っていただけたら，まさしく「わが意を得たり」である。また，地域活性化に悩む，あるいは地域課題の解決に対して試行錯誤している，地域団体・NPO 法人・自治会や行政機関，自治体議会議員などにとって敷居の高かった大学との連携[10]も，PBL を用いればそんなに難しい話ではない。連携の糸口を，自分たちの地域に置き換えて，取り組みのきっかけにしてもらえれば，筆者としては望外の喜びである[11]。

　なお，本書では，PBL を通じた「地域公共人材の育成」という一つのテーマに取り組むことになるが，これは，「公共政策（学）」分野において，いまだ理論的・体系的に考察がなされていないものであり，その意味においても，本書の貢献は大きく，オリジナルなものになることが考えられる。

2018 年 10 月

田中　優

---

[10] 筆者は専門分野上，自治体職員の研修講師を年間で数多く引き受けているが，受講後のアンケートを見て驚くのは，「大学が連携先，課題解決の協働先になるとは思いつかなかった」という声の多さである。大学と地域を繋いでくれるコーディネーターがいればマッチングもスムーズにいくと思うのだが，この点については，都道府県の果たす役割にも期待してみたい。たとえば，和歌山県が始めた「大学のふるさと」制度を参照されたい（和歌山県移住定住推進課ホームページ〈http://www.pref.wakayama.lg.jp/prefg/022200/inaka/daigakufurusatogaiyo.html（最終確認日：2018 年 12 月 11 日）〉）。

[11] 石井（2012：92）は，「PBL による地域課題の解決メリットとして」，「PBL による取り組みは教育プログラムとして体系化された——あるいはされやすい——ものであるため，問題解決に寄与しやすい。また，教育プログラムの一環として地域課題に取り組むことで，地域側では調達しづらい取組初期の人的資源・物的資源・資金的資源・情報的資源を，大学側が一定程度投入することができる」ことを指摘している。

●引用・参考文献

石井雅章（2012）．「課題解決型教育（PBL）による地域課題解決への貢献」『地方自治研究』27（1），83–96.

河合塾［編］（2011）．『アクティブラーニングでなぜ学生が成長するのか―経済系・工学系の全国大学調査からみえてきたこと』東信堂

原田晃樹・藤井敦史・松井真理子（2010）．『NPO再構築への道―パートナーシップを支える仕組み』勁草書房

山口泰史（2017）．「わが国におけるPBL研究の動向―大学教育での実践を中心に」『日本地域政策研究』19, 34–41.

Savery, J. R. (2015). Overview of problem-based learning: Definitions and distinctions. In A. Walker, H. Leary, C. Hmelo-Silver, & P. A. Ertmer (Eds.), *Essential readings in problem-based learning: Exploring and extending the legacy of Howard S. Barrows*. Indiana: Purdue University Press, pp.5–16.

目　次

まえがき　*i*

01 「ひと・まち・であう／つくる」プロジェクトという PBL フレームの誕生 ——— *1*

第 1 節　大学・地域社会を取り巻く社会環境　*1*
第 2 節　PBL をデザインする理論的背景　*2*
第 3 節　「ひと・まち・であう／つくる」プロジェクトフレームの誕生　*5*

02 大阪府枚方市菅原東校区における実践考察 ——— *9*

第 1 節　対象地域の概況　*9*
第 2 節　PBL の展開　*10*

地域との連携による PBL 実施のポイント：菅原東校区事例からの含意　*34*

03 京都府南山城村における実践考察 ——— *39*

第 1 節　対象地域の概況　*39*
第 2 節　PBL の第 1 フェーズから第 2 フェーズへ　*40*
第 3 節　第 3 フェーズ（解決へ向けた行動：協働）へ向けて　*46*
第 4 節　第 3 フェーズ（地域活性化へ向けた協働の取り組み）　*52*
第 5 節　第 4 フェーズ（「弱い絆」から「強い絆」へ）　*68*
第 6 節　第 4 フェーズ（協働体系のシステム化）から新たな活動へ　*69*
第 7 節　当該 PBL に関する地域側からの評価　*76*

地域との連携による PBL 実施のポイント：南山城村事例からの含意　*78*

04 「ひと・まち・であう／つくる」プロジェクトの インパクト効果および評価 ―――― 93

第1節　PBL を評価する考え方　*93*
第2節　PBL 参加学生に訪れた変容　*95*
第3節　地域社会への影響　*103*
第4節　大学組織への影響　*105*

05 おわりにかえて ―――――――――――――― 109

第1節　ARCS モデルについて　*109*
第2節　ARCS モデルによる当該 PBL の評価　*110*
第3節　他大学 PBL 事例からの考察　*115*
第4節　本書で紹介した PBL の社会的な貢献・インパクト　*117*
第5節　PBL 担当教員の役割　*119*
第6節　グローバル人材育成へのかけはし　*121*
第7節　地域に「人々」を残していくツールとして　*122*
第8節　「場所」を通じた学び　*124*

あとがき　*127*

01 「ひと・まち・であう／つくる」プロジェクトというPBLフレームの誕生

第1節　大学・地域社会を取り巻く社会環境

　少子高齢化社会を迎えるなか，大学が，従来型の運営手法（教育・研究スタイル）に汲々としていれば，その存立すら危ぶまれる事態になっていることは論をまたない。そもそも，大学という「知の集積場・創造拠点」は，第一義的には，所属学生のために存在するものであるが，その学生教育・研究が「地域」をインキュベーター（孵卵装置）として果たされているものである以上，当然の帰結として，それらの成果は「地域」にこそ還元されるべきものなのである。

　いうまでもなく，地域社会にとっての大学は，「知の宝庫」として，あるいは「人材供給源」として，一つのステータスシンボルである。また，大学にとっても，地域社会は，学生を育てるインキュベーターであり，実務・研究の貴重なフィールドを提供してくれる「実践知」[1]を獲得できる場所でもあることは疑う余地のないところである。すなわち，大学と地域社会はいわゆる「WIN-WIN」の関係に成り立つものであり，お互いがかけがえのないパートナーとして，当該地域のまちづくりを考え，課題解決などの実践を重ねていく必要がある[2]。

　このように，地域とつながる大学を志向することは，21世紀の大学像[3]として当然に導出されるものであり，各大学とも，地域活動（連携）を軸にした学生教育・研究を，よりいっそう，体系的に強化し，次代を担うグローカル[4]な人材（国際的

---

1) 野中（2011：8）は「個別のその都度の文脈の只中で，最善の判断と実践を行う力」「すなわち，変化する状況下，行為の只中で熟慮し，適時・絶妙なバランスで個別具体の文脈に「ちょうど（just right）」な解を見つけて判断し，実践する知恵」と整理している。

な視野・能力などをもち，地域レベルで活躍する公共人材）を育成することに努めているのが現状といえよう。そして前述の通り，こういった趣旨に応えうるものとして多くの PBL がデザインされていると考えれば理解が容易だろう（大学が地域とのつながりの中に存在意義を見出す必然性については，筆者による表1-1 の整理を参照されたい）。

第2節　PBL をデザインする理論的背景

ところで，現場型の実践教育プログラム（PBL）はどういった理論にもとづいて提示されるものなのか，ここでは，その一端に触れておきたい。

企業も行政組織も，社員・職員の育成については，一般的に，「自学（Self Training）」・「職場外研修（Off the Job Training）」・「職場研修（On the Job Training）」という三位一体で取り組んでいることが多い。そして，その中でも，行動変容や技能習得などにもっとも効果を発揮するのが，「職場研修」といわれている。

---

2) 富野暉一郎（「京都発　大学と地域の連携　一般社団法人京都府北部地域・大学連携機構について」〈「京都府議会総務・環境常任委員会出前議会」配布資料・2013 年1 月15 日・於成美大学〉）によると，これからの地域と大学には，①大学の使命としての研究・教育・地域貢献，②機関としての大学資源の総合活用，③地域のニーズを起点とする連携，④大学連合体の総合力を背景とする連携，⑤安定財源の確保，が求められてくるということが整理されている（大学の集積がない京都府北部における地域・大学連携のプラットフォーム事例については，富野（2012）も参照のこと）。

3) たとえば，「「地（知）の拠点整備事業」について」（平成25 年度「地（知）の拠点整備事業」説明会資料：平成25 年3 月1 日，文部科学省高等教育局大学振興課〈http://www.mext.go.jp/component/a_menu/education/detail/__icsFiles/afieldfile/2013/04/16/1332607_01_2.pdf（最終確認日：2016 年1 月13 日：現在は該当ページ削除）〉）などを参照されたいが，そもそも，中央教育審議会「我が国の高等教育の将来像（答申）」（2005 年1 月28 日）や2006 年改正の教育基本法第7 条にあるように，ここ10 年くらいの新しい大学の使命として，「地域貢献・社会貢献」が謳われ出し，地域と大学の連携事例も非常に数多く生み出されてきているといえるだろう。なお，総務省も「域学連携」として，大学が地域の人々と一緒に行う，地域の問題解決につながる実践活動を支援していたが，この可能性などについては，飯盛（2014）を参照されたい。

4) グローバル（Global）とローカル（Local）の混成語として，「Think globally act locally.（地球規模で考え，地域で行動せよ）」とも関連する言葉となっている。なお，杉岡（2010）は，「グローカルに活躍できる人材」＝「地域公共人材」として，「一般財団法人地域公共人材開発機構」の取り組みを紹介しており，具体例の参考になる。

表1-1 「地域貢献・地域連携」という枠組みを通してみた大学の位置づけ（出所：筆者による）

	【内部環境の分析】		【外部環境の分析】
強み (strength)	・地域協働および実践系教育プログラムを推進する予算制度の存在（筆者の属する大学の場合だと，「戦略的経費」や「学生チャレンジ制度」など） ・外部との豊富なネットワークを有した実務家教員の増加（前職が公務員幹部や一部上場企業の取締役など） ・地域協働や地域貢献を推進する組織やスタッフの存在 ・中小規模の私立大学では，定員減などにより，手厚い教育が可能 ・実践系プログラムに対する興味関心の高い学生の存在 ・課外活動系プログラムの単位化 ・包括協定などによる教育研究フィールド（地域）の増加　　　　　　　　　　　　など	機会 (opportunity)	・地域貢献する大学が当たり前という風潮（日経グローカルの「地域貢献度調査」など） ・文部科学省のCOCや総務省の域学連携など，大学－地域関連政策の充実 ・政策・地域貢献系大学・学部の設立 ・「地域公共人材」という新しい育成概念の登場 ・困難な課題を前にした，大学資源を活用しようとする地域の増加 ・大学－地域関係を対象とする各種学会の登場（地域活性学会，地域政策学会，コミュニティ政策学会など） ・各種まちづくり・政策フォーラムによる，ある種のPBL評価体制の構築 ・若年世代における地元定着意識の高まり ・自治体における協働概念の浸透　　　　　など
弱み (weakness)	・現場型教育に関して，組織的な認識，理解に乏しい ・実践系プログラムをデザインし，コーディネートできる人材が少ない（体系的な取り組みが困難） ・中小規模の私立大学では，入学者数の減少，退学率の増加，就職率の低下が起こっている ・学生において，自己評価の低い者が多く，基礎学力や知識も身についていない者が増えている ・直接的コミュニケーションの喪失　　　など	脅威 (threat)	・18歳人口減少に伴う大学入学者数の減少 ・偏差値により輪切りにされた大学ステージの固定化（各大学ブランドを確立しにくい状況） ・政府の財政難による各種補助金の削減 ・各種地域問題の発生および複雑化（対応する人材の不足） ・デジタル技術が進展する一方，直接的コミュニケーションをとる機会が失われ，地域の紐帯がなくなってきている（孤立化，孤独化，生活感覚の欠如など）　　　　　　　　　　　　　　　　　　　など

　このことは，たとえば，「ロミンガーの仮説」（個人にとって意味のある学習について，その70％が「職業上の経験や，仕事上の問題解決」にをあげており，「規範となる人からの薫陶や観察と模倣」は20％,「公式の研修」は10％にしかすぎないという説）[5]などによっても支持される事柄だと思われるが，大学教育においても，同じ理解が許されるであろう。

　すなわち，通常の授業プログラム前後の学生自身による予復習が「自学」に，そして，大学の教室において講義形式で展開されるものが「職場外研修」という具合

---

[5] 「モティベーション持論とリーダーシップ持論――やる気を自己調整するフォロワーを生み出すリーダーになるために」（神戸大学大学院経営学研究科　金井壽宏）〈http://115.146.61.39/ils/blog/files/ils-kanai05072007.pdf（最終確認日：2018年12月11日）〉やLombardo & Eichinger（2010）を参照のこと。

にである。ただ,「職場研修」に該当するものは,おそらく,現場を通じた教育ということになるのだろうが,これまでの大学教育ではほとんど取り組まれてこなかったといっても過言ではない。しかし,「何を理解したか,知っているか」から,「何が使え,できるようになったのか」[6]ということに,大きく教育のパラダイムシフトが起きているといわれる昨今,このテーマは喫緊の解決課題となってきている。要するに,行動変容や技能習得に重きを置いたプログラム開発が求められるようになってきたということなのである[7]。

それでは,こういった志向のプログラムを,本書の事例でも取り上げている地域協働の枠組みの中でデザインした場合,どのようなものが考えられてくるのか。

蓋し,問題解決は,学習者に問題を解かせることによって教えられるものであり,ポイントは,教授者（支援者）としての私たち（教員／教育者）が,これらのスキル獲得を手助けする状況をいかにうまく用意することができるかということなのであるが,一つの適切な方法は,現実的な,地域社会で起こっている（あるいは起こりうる）問題を中心に据えた「認知的徒弟制（cognitive apprenticeship）」の採用[8]を含めたグループワークの導入[9]であろう[10]。これらは近年では,「PBL」として,

---

6) 中央教育審議会（2012）などを参照のこと。なお,この背景に,PISA (Program for International Student Assesment) の学力観などがあることはいうまでもないだろう。PISAは「生徒の学習到達度調査」として,OECD（経済開発協力機構）が世界の15歳（高校一年生）を対象に,2000年から3年おきに実施しているものであるが,従来のリテラシー（読み書き能力）とは一線を画した能力定義を行い,調査を行っていることに特徴がある。PISAの学力観は,学んだことを現実生活にどのように応用できるのかが命題となっており,「文脈的・参加的・包括的な学力観」とみなされている一方で,従来の学力観は,いわば,各科目ごとに閉鎖した知識であり,現実世界への適用は重視されていなかったもので,「脱文脈的・記号操作的・認知主義的な学力観」であったといえるだろう。つまり,PISAが問う学力とは,「人生を作り,社会に参加する力」と考えられるのである（PISAの定義などについては,岩川（2005）を参照のこと）。
7) この文脈でいうならば,太田（2013：38-41）も,「アナログ的な思考力すなわち「知恵」」「を身につけさせるには,座学を中心にした研修よりも,質の高い実務経験が大切」と述べ,日本能率協会マネジメントセンターの2000年の調査を紐解きながら,「教えられるより自分で身につけることが必要」で,「プロの社員にはとりわけ創造や問題解決のための「知恵」が重要であり,それは主に良質な実務経験によって磨かれ」るとまとめていることも興味深い。このことを裏面からみると,「従業員のパフォーマンスを変革し,向上させるためのトレーニングを平均してみると,トレーニングで学習したことの10-20%しか,業務に活かされていない」ということが取り上げられることになる（Broad & Newstrom, 1992：7）。

大学教育においても一定の蓄積が図られてきている[11]。

第3節 「ひと・まち・であう／つくる」プロジェクトフレームの誕生

　ここまで，筆者は教育研究上も，実務上も，大きな問題関心としては，「コミュニティの再生（地域活性化）とは何か」ということを主要なテーマに掲げて臨んできているが，とくに，「地域住民の社会的活性化」（住民自治：参画と協働によるまちづくり）[12]ということに焦点をあててきた。

　しかしながら，現下の社会環境において，果たして，内部人材（資源）だけでそのことは達成されるものなのだろうか。すなわち，ヨソモノによる投げかけ，つまり協働的な取り組みにこそ意味があるのではないかという疑問が，本書で取り扱うPBLをデザインした大きなきっかけである。そして，ここで，ヨソモノを学生とした場合，実際の真正性の高い地域課題を扱うことには一定の教育効果もあるという

---

8) これは，「共同体の活動の文脈の中で学習が行われるというモデルであり」「個人と個人の間の相互作用の水準で見れば「導かれながらの参加」」を意味し，「個人の水準で見れば「アプロプリエイション」」（「他人の所有物を自分の所有物にすること」＝「見よう見まねの観察学習」）を促すことになるものである（高取，2009）。なお，麻布大学の村山は，この概念を「師弟同行」というわかりやすいキーワードにし，自身のPBL実践を重ねている（村松他，2017）。

9) 一般的に，①内容領域の習得，②態度の形成，③問題解決力の育成といった学習目標は，グループワークによるディスカッションを通じた指導が適切とされている（Gall & Gall, 1976）。したがって，PBLとグループワークの親和性が高いことはいうまでもないが，メリットばかりでもないことには留意されたい。たとえば，メンバー間の「安易な妥協」がもたらされることも容易に想像がつく。この点に関しては，石橋（2014）を参照されたい。

10) ガニェ他（2007）を参照のこと。結局のところ，PISA型の学力観に代表されるような現実社会に適応できる「知恵」を習得しようとするならば，「認知的徒弟制」の枠組みによった「正統的周辺参加」（レイブ＆ウェンガー, 1993）という概念を基軸に据えることになるはずで，たとえば，本書で取り上げている事例にも明らかな通り，学生たちはいきなり地域問題のみに向き合って学習をしていくわけではない。対象を取り巻く関係者とのコミュニケーションを重ね，その人たちとの関わりを通じて問題に気づいていくのであり，また，解決の過程にしても，そういった方々との協働を戦略的に段階的に展開していくことになるはずである。すなわち，学生たちは，周辺から入って最終的に事の本質に辿りつくのであり，その過程でさまざまな人に学びながら成長していくことになるのである。

11) 河合塾（2011；2013）などに詳しい。

ことが想定されてくるのだ[13]。

　そこで，2010年度に，筆者のゼミ生を中心に，地域活性化を目的とした「ひと・まち・であう／つくる」プロジェクトを立ち上げることになった。このプロジェクトは「ヨソモノ」「ワカモノ」である学生が地域に入ることにより，新たなまちづくりの展開が創発されることを期待するとともに，社会経験豊富な地域住民の方々と共に活動を行うことにより，社会人として必要な能力や知識の向上もねらい，ここまで展開してきている。

　一つの特徴としては，当初より単位化はせずに，ノンフォーマルなアプローチ[14]で（とはいえ，筆者の勤務大学の「建学の精神：全人教育」や学部の「ディプロマポリシー：身近なところから地球規模までを，自分自身のこととして考え，社会における様々な課題を発見することができる」などを当然意識しながら）進めてきているこ

---

[12] イタリアの政治哲学者であるアントニオ・ネグリ（Antonio Negri）が，「統治のかたちをコミュニケーションのあり方を通じて変えていくこと」を提案し，「政府（ガバメント）という一つの権力による統治から，現場で協働した市民による統治（ガバナンス）へ」という社会の方向性について言及しているように，「参加と協働」が住民自治を実現していくのに普遍的な要素であることはいうまでもない（2013年4月9日付『朝日新聞』）。

[13] 地域と大学の連携に造詣の深い松本大学学長の住吉廣行は，現代の若者において，「活字離れ（書物，新聞を読まない）」「課題意識が持てない」「何故学ぶのか分からない」といったことから「自ら学ぶ姿勢を持てない学生が増えて」おり，また，「資格取得と職業が結びついている場合でも」「専門化，蛸壺化，試験合格目的で，幅広い視野不足」に陥っているということを指摘した上で，「「実社会の問題」と「自らの生き方」」をいかに関係づけるか」という視点から，「地域社会と連携した教育の必要性」を強く説き，実践を展開されているが，筆者と同じ問題関心から発せられていると捉えることができよう（大阪国際大学第2回地域協働センター・活動報告会「大学と地域の今後のあり方」〈2014年7月27日，於・大阪国際大学守口キャンパス〉における住吉の基調講演「地域と大学のWin-Winの関係とCOCとしての役割」内容より）。

[14] ノンフォーマル教育とは，正規の学校教育の枠外で，ある目的をもって組織的に行われる教育活動のことを指している（丸山・太田, 2013）。

[15] Krumboltz et al.（1999）の「計画的偶発性（Planned Happenstance）理論」をベースにしている。すなわち，参加学生が，人という資源につながり，その協働で生み出された「出来事」を常にふりかえり，次への学習機会とするというもので，参加学生には，「好奇心：新しい学習機会を調査すること」「忍耐力（持続性）：障害に直面しても努力すること」「柔軟性：態度と環境を変えること」「楽観性：新しい機会が出現し，達成可能であると考えること」「リスクテイキング（冒険心）：不確実な結果をにらみつつ行動すること」を求めている。

とにあろうが，第2，3章で述べるように，単に課題を与え，地域現場に放り込むというものではなく，「学びの構造化」を意識し，「創り出された偶然による学び」[15]が生起することを常に心がけている。

それでは，次章より，「ひと・まち・であう／つくる」プロジェクトによる取り組みの紹介と考察を進めていくことにする。

●引用・参考文献
飯盛義徳（2014）．「「域学連携」は地域を変える！」『ガバナンス』*158*, 98-99.
石橋章市朗（2014）．「第8章 政治学教育をつうじた市民教育の実践」岩﨑千晶（編著）『大学生の学びを育む学習環境のデザイン―新しいパラダイムが拓くアクティブ・ラーニングへの挑戦』関西大学出版部, pp.155-172.
岩川直樹（2005）．「学力調査の本質――誤読／誤用されるPISA報告」『世界』*739*, 121-128.
太田肇（2013）．『組織を強くする人材活用戦略』日本経済新聞社
ガニェ, R. M.・ゴラス, K. C.・ウェイジャー, W. W.・ケラー, J. M.／鈴木克明・岩崎信［監訳］（2007）．『インストラクショナルデザインの原理』北大路書房
河合塾［編］（2011）．『アクティブラーニングでなぜ学生が成長するのか―経済系・工学系の全国大学調査からみえてきたこと』東信堂
河合塾［編］（2013）．『「深い学び」につながるアクティブラーニング―全国大学の学科調査報告とカリキュラム設計の課題』東信堂
杉岡秀紀（2010）．「新しい公共と人材育成―京都発「地域公共人材」の育成事例」『社会科学』*89*, 159-177.
高取憲一郎（2009）．『社会と心―新ヴィゴツキー派の視点』三学出版
中央教育審議会（2012）．「新たな未来を築くための大学教育の質的転換に向けて―生涯学び続け，主体的に考える力を育成する大学へ（答申）」〈http://www.mext.go.jp/component/b_menu/shingi/toushin/__icsFiles/afieldfile/2012/10/04/1325048_1.pdf（最終確認日：2017年12月10日）〉
富野暉一郎（2012）．「京都府北部地域における地域・大学連携プラットフォームの創設」『地域開発』*572*, 41-45.
野中郁次郎（2011）．「イノベーションを持続するコミュニティをつくる」『一橋ビジネスレビュー』*59*(1), 6-23.
丸山英樹・太田美幸［編］（2013）．『ノンフォーマル教育の可能性―リアルな生活に根ざす教育へ』新評論
村松陸雄・石井雅章・田中優・長岡素彦・村山史世（2017）．「3つの実践例から考えるPBLの設計とPBLによる変容」『武蔵野大学環境研究所紀要』*6*, 15-20.
レイブ, J.・ウェンガー, E.／佐伯胖［訳］（1993）．『状況に埋め込まれた学習―正統的周辺参加』産業図書

Broad, M. L., & Newstrom, J. W. (1992). *Transfer of training: Action-packed strategies to ensure high payoff from training investments.* Reading, MA: Addison-Wesley.

Gall, M. D., & Gall, J. P. (1976). The discussion method. In N. L. Gage (Ed.), *The psychology of teaching methods: The 75th yearbook of the National society for the study of education.* Chicago, IL: University of Chicago Press.

Krumboltz, J. D., Mitchell, K. E., Levin, A. S. (1999). Planned happenstance: Constructing unexpected career opportunities. *Journal of Counseling & Development, 77*(2), 115-124.

Lombardo, M. M., & Eichinger, R. W. (2010). *The career architect development planner: A systematic approach to development including 103 research-based and experience-tested development plans and coaching tips: For learners, managers, mentors, and feedback givers* (5th ed.). Minneapolis, MN: Korn/Ferry.

02　大阪府枚方市菅原東校区における実践考察

第1節　対象地域の概況

　筆者の勤務する大阪国際大学を取り巻く地域，大阪府枚方市菅原東小学校区は，かつては山林だった地域で「まち」としての体をなしていなかったが，1960-70（昭和40-50）年代にJR学研都市線の東側丘陵の開発と同時に誕生するや，当初より，一戸建て住宅地の開発が進み，現在では人口1万4千人ほどの巨大コミュニティとなっている。

　ここに至るまで，まちの誕生から約半世紀にわたる歴史の中で，地域住民の人々は，PTA・婦人会・自治会・民生委員などローカル・ガバナンス[1]の一翼を担いながら，一歩一歩，新しいまちづくりに向けともに汗を流しながら歩みを進めてきており，その結実として，2006年には校区コミュニティ協議会をNPO法人化するなど，全国的にみても，非常に際立った成熟的な「まちづくり」を展開してきているといえる[2]。

　一方で，こういった先進的なまちづくりの担い手の高齢化も課題として取り上げられており（2017年における同校区の高齢化率は28.7%），今後も持続的な発展を当該校区が目指していくためには成年層の人材育成が必須であり，絶えざる新陳代謝

---

1) ローカル・ガバナンスの用語は多様に解釈されるものであるが，「公共空間に存在する諸問題の解決に向けて，政府（中央政府および地方政府を含むいわゆるgovernment），企業（民間営利部門の諸主体），NPO，NGOなど（民間非営利部門の諸主体）のネットワーク（アクター間の相互依存関係）を構築し，それを維持・管理する活動（＝公共空間の協働管理）」（真山，2002：100）という理解がわかりやすいだろう。
2) 田中（2009）を参照のこと。

は欠かせないばかりか，常に新しい地域課題に挑戦し，オンリーワンのまちづくりを目指していかなければ，「都会の限界集落」化とも無縁とは言い難い状況になってきている。

なお，大阪国際大学は，この地域にキャンパスを設置して，約四半世紀の時を刻んでいるが（ただし，2016年3月末日をもってこのキャンパスの学生の新規受け入れは停止），まちづくりの運営母体たる「菅原東校区コミュニティ協議会」のメンバーに位置づけられたことは，つい最近の出来事であった。本書の中心事例たる「ひと・まち・であう／つくる」プロジェクトが開始されるまでは，大阪国際大学の地域連携的な取り組みも単発的なものか，一方が受け身の姿勢で臨むものしか見受けられてこなかったのであり，菅原東校区側からも，「大学の敷居が高く，窓口もわかりにくいため連携を取りたくても取ることができない」[3]という意見が寄せられていた。

第2節　PBLの展開

さて，ここからは，淡々と時系列に経過を追うのではなく，高橋・内藤（2009）の提唱する協働[4]の生成過程を参考に，菅原東校区におけるPBL事例を区分して整理しておきたいと思う。

高橋らによると，協働は，「問題の気づき」「説得・PR・共感を呼び起こす」「実際の協働」「システム化・心の絆へ」という経緯で生成するものとされている。まず，第1フェーズとして，学生がどういった地域問題に気づき，資源を把握したのかということについて取り上げておく。この第1フェーズは，PBLに本格的に取り組む前段階にあると考えられるが，学生（大学）・住民（地域）双方の信頼関係を構築する場面でもあり，このフェーズがなければ，以後のPBLは実効的でなくなる。

---

3) 菅原東校区コミュニティ協議会の宮原保子会長に対するインタビュー（2008年7月25日・筆者実施）に基づく。
4) 本書を通じて，もっとも繰り返し使われる術語が「協働（co-production）」であろうが，この定義について改めて詳述することはしない（「まえがき」注8参照）。簡潔に整理しておくと，「内部のさまざまな資源・アクターが，外部のそれらと協力しながら，課題解決にあたること」となるだろう。ひとまずは，畑（2014）のまとめた，地域社会における協働の特質と課題などについて参照されたい。なお，高橋・内藤（2009）では，「共同」という漢字をあてているが，本書では，「協働」で統一をして，説明・考察に用いることにする。

次に，第2フェーズは，気づいた問題を他アクターに説得・PRしていく段階となる。PBL自体が，第1章でも触れたように，地域問題の当事者に近づき，彼・彼女らを師匠としながら，そこから学習し，かつ，課題解決にあたる協働的営為とするなら，当然，学生（教員）のみで成立するものではない。協働のアクター，すなわち地域資源にアクセスし，彼・彼女らの共感を得ていかなければ，PBLは相変わらず独りよがりの，地域に何も残さない従来の教育（プログラム）と同じになってしまう。

そして第3フェーズでは，実際に解決のための行動がなされることになるが，この中でも，ある一つの地域課題に対し，狭義のPDCAサイクル（Plan（計画）→ Do（実施）→ Check（評価）→ Act（改善））が課題と関係する地域住民と繰り広げられていくことになる。実際のまちづくりに相当する部分がここになるのだろうが，参加学生・地域住民ともこの過程を通じ，一般的に学習し，成長していくことが期待されている。

最後に，第4フェーズでは，PBLフレームを用いた地域協働の取り組みが，心の絆となってシステムとして定着していくことが期待されている（たとえば，まちづくり会議などの常設化などを想起されたい）。この段階で導出されることは，ソーシャル・キャピタルの議論と親和的であるが，試行錯誤の末に繰り広げられたPBLによる地域協働が，お互いの信頼関係をより強固なものにし，地元への愛着心を深め，地域力などの向上に資するということである。

以下では，この四つのフェーズに基づき，PBL事例をまとめておきたいと思う[5]。

■ 2-1 第1フェーズ（初めての出会い）

菅原東校区との協働は，まず，地域側の代表者（2017年現在，NPO法人すがらひがし理事長・菅原東校区コミュニティ協議会会長：宮原保子氏）が，大学にゲストスピーカーとして講義に来ることから始められた。ここでは，その時にお話しされた内容を掲載し，当該校区を含めた紹介を行っておく（以下の講演は，2009年12月11日に，筆者が担当していた「まちづくり論」で行われた内容である）。

---

[5] ただし，最初に断っておくと，当該PBLの発展過程は，第1フェーズの次は第2フェーズでその後には必ず第3フェーズが来るというような単一の因果関係にあるものではない。たとえば，第1と第2フェーズが同時並行的に進んだりもするし，一つの出来事の中に，第1から第4までのフェーズが入り，そういった出来事が連なって，全体としてのPBLが構成されている場合もあるということに留意してもらいたい。

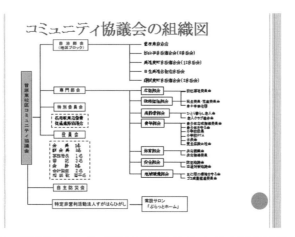

図 2-1　菅原東コミュニティ協議会の組織図（出所：宮原保子氏講演会資料）

　みなさんこんにちは。今日は，田中先生より，私の活動している NPO 法人「すがはらひがし」，また，その行政との関わりについてお話をということで伺いました。

　枚方市には，45 の小学校があり，その通学区域ごとに，一つの「校区」という地域活動の単位があります。地域住民と行政とのつながりとして，また，窓口として，その一つひとつの校区に「コミュニティ協議会」が結成されています。「コミュニティ協議会」とは，その地域における全部の「自治会」及び「各種団体」，例えば，「福祉委員会」「民生委員，児童委員会」「青少年育成指導委員会」「防犯協議会」「交通対策委員会」などがあり，その他に「P・T・A」や「子供会」なども含まれています。皆さんの大学のあるこの校区は，「菅原東小学校区」です。組織図等は，お手許の資料（図 2-1）をご参照下さい。

　「菅原東校区コミュニティ協議会」が「住み良い街づくり」を目指して地域活動を進める中で，「夏祭り」や「体育祭」「児童の見守り活動」等，ただ単に毎年恒例行事として実施するだけでなく，1975（昭和 50）年頃より急速に開発されたこの校区も，今や高齢化率 19％となり，環境も変化してきたこともあり，もう一度，地域を見直そうと，この校区の約 50％の世帯，2000 世帯を対象にアンケート調査を実施いたしました。

　その結果，①住宅地，学校，病院，駅，商店街を巡回する「コミュニティバス」の運行，②「誰もが，いつでも集える場所」がほしい，この 2 点が大きな

割合を占めていました。

　そこで，①のコミュニティバスの運行については，希望ルートを記載した要望書を枚方市に提出しました。この要望書には，この国際大学も名を連ねていただきました。②の「誰もが，いつでも集える場所」は，「常設サロン」設置と課題を掲げ，実現に向かって歩き出しました。実現するには，どのような方法があるのか模索が始まりました。地域活動はボランティアで行うので，資金は全くなく，一つの手段として，「NPO法人」の資格取得をしようということになりました。

　「NPO」という名前のもとに出ている，いろいろな「助成金」があり，その制度を活用させていただこうと，その立ち上げを図ったわけです。この「NPO法人」を立ち上げるにも，非常に苦労をいたしました。お金を出せば代行してくれる所もありますが，手元資金もなく，設立申請には，それこそ法律用語と格闘の日々でした。

　先日も，田中先生とお会いした時に，笑い話でご披露したのですが，私たちは，申請書類をその指定様式に沿って提出したのです。ところが，法務局から突っ返されました。何が間違っていたと思いますか。「マルの①なになに，マルの②なになに」と書いてある文書を，わたしたちは，「かっこの（1）なになに，かっこの（2）なになに」という文書を出したのです。文書は一言一句間違えてないのです。「マルの①」が「かっこの（1）」で駄目なんだそうです。

　法律って杓子定規すぎるのではと思いましたが，そういう経過を踏まえて，やっと2006（平成18）年12月に，「NPO法人すがはらひがし」の取得に至りました。「菅原東地区コミュニティ協議会」と「NPO法人すがはらひがし」は一体のものです。地域活動をしている「コミュニティ協議会」が「NPO法人」を取得したという特異性をもっており，全国的にも珍しいケースだそうです。国際大学の門をくぐるまでの長尾台商店街の中に，オレンジのテントで「コミュニティサロン　ぶらっとホーム」と書かれた店舗に気がつかれた方が，おられませんでしょうか。そこでは，「コーヒー」は200円，また，「ランチ」は500円です。どなたでも集える場所なのです。「あそこは，年寄りの行く所ですか」と一部の方にいわれていますが，決してそんなことはありません。学生の皆様も大歓迎です。サロンのスタッフは，民生委員や一般のボランティアの方々に詰めていただいております。

　本日のテーマである「NPO法人と行政の関わり」ですが，枚方市において

は，「第4次枚方市総合計画」をたて，その中に「みんなで作る分権，市民参加のまち」をうたい，「地域主体のまちづくりを進めるために，市民の知恵と活力を結集し，市民の自主的活動の活性化を図る」と定めていました。施策としても「NPO」のバックアップを始めていましたので，私たちの法人設立にとっては，それも力強いことでした。申請手続についても，いろいろアドバイスを受けることができました。

同時に，枚方市長の「市政マニフェスト」で，「地域デザイン事業」振興がうたわれました。「地域デザイン事業」とは，「地域の人たちが，自分たちのまち作りの絵を自分たちで描き，住民の手と力で創る」という趣旨で，その事業には，5年間で300万の予算を出そうというものでした。私たちはタイミングよく，枚方市の第1号「地域デザイン事業」に応募でき，審査にもパスし，予算獲得に成功しました。枚方市が，「NPO」やボランティアなどの市民活動を支えるとはいうものの，「NPOを立ち上げたりすることに対しては，応援はします。だけど，お金や人を出すわけではありません」というお答えでした。しかし，行政が組んだ事業には予算がついています。私たちは，それを利用させていただいたということです。こうして誕生した常設サロン「ぶらっとホーム」には，全国から見学者や資料の請求が相次いでおり，無我夢中で進めた活動が，結果的には，珍しい事例であったと，改めて知りました。

また，枚方市は，「広報ひらかた」を発行しています。今まで，予防接種の日程ぐらいしか興味がありませんでしたが，この広報には，市内の地域の活動や各種団体の活動が紹介されており，地域活動に携わるようになってからは，興味をもって目を通すようになりました。この人たちは，どういう形で活動できたのであろうか。この予算は，どうしたのであろうか。自分が，いろんな事に悩み出したら，記事の読み方まで変わってきました。情報は，ボーッとしていたら何も得られない。ところが，自分が興味をもっていれば，どこにもでも転がっているのだということがわかりました。そして，広報の記事から，市に「産業振興課」（NPO法人を推進している大阪府地域創造ビジネスモデル構築事業の窓口となっており，当団体のNPO法人格の取得にあたり，さまざまなアドバイス等を受けた）という部署があることを知りました。

さらに，この産業振興課の政策を調べていくと，「空き店舗を利用して，シャッター通りになっている商店の活性化資金の予算」をもっていることがわかりました。この活性化資金は，「空き店舗を開けるに当り，リフォーム代の半

額と2年間家賃の半額を助成する」資金なのです。これは、「長尾台商店会」という団体が申請して、初めて受け付けてもらえる予算なのです。皆さん、組織図をご覧いただくとわかると思いますが、私たちの「コミュニティ協議会」には、「長尾台商店会」も参加団体として入っています。商店会とは10年以上も、「夏祭り」行事を合同でやってきました。商店会の皆さんとは、顔なじみです。さっそく飛び込み、「活性化資金」を借りていただくことに協力を求めました。このように、自分が必要な時、どこに情報があるか、そしてどのように、人と人をつないでいくかは、私は、まさにこの地域活動をしている中で学んだと思っています。

　活動の中で、たくさんの人と知り合い、多くの関係機関と顔の見える連携を結んでいっています。皆さんの通っているこの大阪国際大学もそうですし、地域にある総合病院もその一つです。人も関係機関も大きな資源です。「同じ活動するなら、笑いながら汗を流そう」、これが私たちの合言葉です。「菅原東コミュニティ協議会」として「NPO法人」を取得し、活動の枠組みを広げているという事例を、ざっと紹介させていただきました。

　筆者が大阪国際大学に着任して以降、2008年より始められたこういった地域住民の方の講演会は、現在までに30回以上実施されている。学生が毎年入れ替わっていく中で、地域の問題状況を伝え、理解してもらい、互いに信頼関係を構築していく作業は欠かせないことである。現在宮原さんには、3回生前期に開講されている「フィールド・リサーチ」において、学生フィールドワークに対する地域側の講評を、そして、主に2回生を対象とした「公共経営論」において、上述した地域の問題状況やまちづくりの取り組みなどについて、ご講演をいただいている（各1回）。

1）学生による地域調査
　地域住民による大学での講演会に呼応するかたちで、2008年の秋頃から、筆者の3回生ゼミを中心として、地域の問題に自分たちで気づいていこうとするフィールドワークが行われ始めた。テーマを「安全・安心」とし、大学周辺の菅原東校区にはいったいどういった問題が潜んでいるのか、学生なりの「気づき」から解決提案させようという試みであった。2008年度は、フィールドワークと、ゼミ内部だけでの報告にとどまったのだが、2009年度は、NPO法人すがはらひがしの事務所に出向き、高齢者を中心とする地域住民の方へのプレゼンテーションを行い、意見交換

を実施した。

2009年度のフィールドワークによって行われた「気づき／提案」では、①（菅原東校区は）人通りが少ないために防犯上の目が届きづらい箇所がある、②歩道などの危険箇所のチェックを行ったが、歩道側に生け垣が出ていて狭い部分がある、③高齢者や障がい者にとって、菅原東校区は歩道に傾斜が多くバリアフリーが必要な箇所もある、④車の通りを考えると、横断歩道が必要な箇所もある、⑤地域の子どもたちに対して、大人が手本となるようルールを守りモラルを示していかなければならない、といったことなどが示された。

こういった学生サイドで地域を知るという作業は、ゼミだけではなく、以降、3回生を対象とした「社会安全（セキュリティ）論」や「フィールド・リサーチ」といった筆者担当の科目においても取り組まれている。

■ 2-2　第2フェーズ（地域イベントへの参画）

2010年度の取り組みでは、大学・地域双方に、それぞれの必要性が認識され出したという手ごたえを感じることができた。しかし筆者は、コミュニケーションの深化、ラポール（相互信頼）の構築はまだこれからという印象をもっていた。この年度の頭には、地域協働型のPBLフレーム（「ひと・まち・であう／つくる」プロジェクト）が誕生するのだが、まずはお互いの距離を縮める作業が連綿と行われていたということを記しておきたい。学生たちは、サービスラーニング的に、地域イベントへの参画をし始めたのである。

1）校区夏祭りへの参加

毎年7月下旬に、菅原東校区の夏祭りが地区内の菅原神社にて開催されているのだが、学生ボランティア有志が、2010年度より一つのブースを任されることになった。菅原東校区には1万4千人ほどの人口がおり、そのうち1,000人ほどが集まる祭りであるため、さながら学生の地域デビューといった場ともなった。

2010年度以降、学生の出身地域はさまざまだが、大学があるこの菅原東校区に愛着を抱いており、地域の方々と親交と絆を深めたいという熱い想いで参加してくれている。夏祭り当日、地域の方々から、「学生のエネルギーやアイデアが菅原東校区のまちづくりに必要」「地域の行事には不可欠」との声をかけていただく場面もあり、地域と大学がお互いにかけがえのない存在となっていることを知る、よい機会にもなっているようだ。回数を重ねるごとに、後述の「てらこや友遊」などに参加して

いる子どもたちも集まるようになって，学生が夏祭り自体の活性化に一役買うようにもなってきている。

この他，地域へのお披露目としての同校区の市民体育祭への参加や餅つき行事の運営なども，同じ効果を果たしており，2010年度以降継続されている取り組みである。

地域の年中行事である餅つきについては，毎年，200人もの小学生から地域の高齢者まで，多世代が交流するイベントになっている。ボランティア学生たちは地域の方々からお釜での餅米の炊き方を教わったり，学生が小学生に餅のつき方を教えたり，世代を超えたコミュニケーションを深めるものになっている。また，大学は留学生も多いことから，海外からの学生も積極的にこういった地域の伝統行事に参加してもらっている。2010年度においてはミニ韓国語講座が開かれるなど，地域の国際交流にも繋がる催しとなった。

この第1・第2フェーズの取り組みは，大学・地域双方の資源を知る，またとない機会になっていることがうかがえるだろう。

2-3 第3フェーズ（協働への萌芽）

互いの状況を知り，資源を認識し合い，コミュニケーションを重ねることで，信頼関係を構築していった地域住民と学生の双方は，しだいに菅原東の必要不可欠なまちづくりアクターとして，地域外へ出向くようにもなってきた。2010年度には，枚方市長との対話集会に，市内45ある小学校区では唯一，地区内に立地している大学を代表して参加することになり，大阪府の防災イベントには，枚方市を代表して臨むことになった。

竹内脩枚方市長（当時）による「市民と市長との地域対話集会」においては，日頃のサービスラーニングを踏まえ，菅原東校区の高齢者福祉活動や安全推進活動などの「まちづくり」について真剣な意見交換が行われ，学生たちは「愛する大学と菅原東校区のために，地域連携を推進して住みよいまちをつくりたい」といった思いを語っていた。竹内市長からは，「こういった集まりに，枚方市内で学生が参加したのは菅原東地域だけで，学生たちのまちづくりや地域連携への取り組みについて大きな期待を寄せている」との激励の言葉をいただいた。

また，2010年度の11月には，枚方市の協力要請を受け，菅原東校区コミュニティ協議会とサービスラーニングに従事する学生が，大阪府・北河内地域7市合同防災訓練に，枚方市の代表として参加するということになった。これは枚方市より，

大阪国際大学学生と同コミュニティとの協働したまちづくり活動が高く評価され，市内に45ある校区の中から選ばれ，協力要請に応じたものであった。

1）プロジェクトの誕生

第1フェーズにおける問題状況の認識，地域資源への気づき，第2フェーズにおける双方のコミュニケーション，互いの必要性に対する理解など，これらの輻輳化を経験しながら，大学（学生）と菅原東校区（地域住民）は協働のシステム化を求め始めていた。いわば互いに気づきあい，考えて，行動し，ふりかえっていくような一連の過程を，恒常的に，また永続的に行っていけるような仕組みを設置する方向で考えがまとまりつつあったのである。そして，2010年6月，菅原東校区における地域協働のシステムであり，学生にとっては，現場を通じた実践型教育のフレームとなる「ひと・まち・であうプロジェクト」が誕生することになったのである。

そもそも，当該プロジェクト自体は，高齢化や防犯など地域が抱える課題に対し，学生のアイデアやエネルギーが解決を図る有効な手段として期待されたものだったが，当時の学生たちにも「小さな自治を学べるチャンスで，地域に入り込んでいろんな人と交流し，よいアイデアを出していきたい」（小竹森晃さん：2010年当時法政経学科4回生，「ひと・まち・であう」プロジェクト代表）と高い意欲をもって迎えられたものであった。また，地域側も学生に大きな期待を寄せていた。

プロジェクトの発足にあたっては地域・大学双方で協定書（原案は学生が作成）を締結し，地域側にも主体者意識[6]を求めるねらいで，大学側から地域側へ委託料を回すこととなった。また，学内の戦略的予算制度も大いに活用することとなった。

2）「てらこや友遊」

先述の通り，大学内の戦略的な予算制度と地域側との協定書の締結によって，プロジェクトのPBLの枠組みが定常的なものとなり，同時に，現在までも続く，地域側との協働事業にも取り組まれていくことになった。

「ひと・まち・であう／つくる」プロジェクトにおける，学生と地域住民の協働のシンボリックなものとしては，毎週土曜日に菅原東小学校において行われている児童育成事業の「てらこや友遊」を挙げることができるだろう。児童の学力向上に

---

[6] 地域づくり，地域振興，地域再生などの主体は誰なのかという問いについてはよく議論されているが，ここではひとまず，原田（2013）の整理を参照されたい。

加え，共働き家庭における子どもの育成などは，全国各地域における共通の課題となっているが，さりとて，地域住民主体による運営が，どの小学校区でも当たり前のように行われているわけでもない。そういった中，第3フェーズの「協働」の一つの形として，前身としては2009年度（「ふれ愛・フリースクエア」という名称で，枚方市主導，学生はボランティア参加）より，現在の形では2010年度から連綿と続けられている取り組みが，菅原東校区における「てらこや友遊」事業である。これは，NPO法人すがはらひがしとPBL参加学生の協働により，毎週土曜日に算数・国語などの各教科および野外での自然観察や遊びの指導などを行っているものである。また，そのためのカリキュラムの作成を地域の委員（青少年育成指導委員会）の方々と行い，長期的な視点で学習支援を行っている。学生たちは，「地域の社会的責任を負う一員として，地域の子どもを地域で育てる」という熱意をもってこのプロジェクトに取り組んでおり，保護者の方々からもたいへん頼りにされている。

年間を通じてのテーマとしては，後述の四季イベントなどにもみられるように，日本の季節を感じながら，そこにおける伝統や地域資源を学び，体験していくという方向性が挙げられている（図2-2参照）。

たとえば，図2-3にあるように，2月の一風景では，節分にちなみ，小学生と恵方巻き作りを行う。スーパーマーケットなどで買ってきたものを食べたことはあるが，自分たちで作るとなると初体験の子どもが多く，慣習を伝えるとともに，ここ数年は，東北被災地の復興も願いながら，その年の恵方を向いて静かに頂くことを体験している。あわせて，2013年の2月には，ミサンガ50本をてらこやの小学生たちと一緒に作成し，2012年にプロジェクトメンバーがボランティアで訪れた岩手

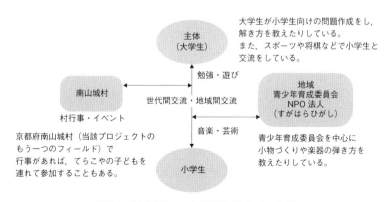

図2-2 「てらこや友遊」概念図 （出所：筆者作成）

 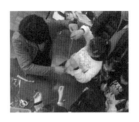

図 2-3　恵方巻きづくりと被災地へ贈るミサンガ作成の一場面（出所：筆者撮影（2013 年 2 月 2 日））

県宮古市田老地区の「学童の家」の子どもたちに贈るという行事も盛り込んだ。同時代に生きる子どもとして，現地ボランティアなどに直接出向けないとしても，プロジェクトの学生が仲介することで，「支え合い」の気持ちを育むことを企図しているのである（この他にも，さまざまな被災地支援を行っている）。

なお，2013 年度以降においては，学内の他の学生たちとの協働も始められている。たとえば，ESS（英会話）サークルには，大阪国際大学の留学生が多数所属しており，彼・彼女ら英語を母語とする，あるいは英語が得意な留学生による英語教室が開始された。また，大学キャンパスには，人工芝の大きなサッカーグラウンドが設置されているため，サッカー部によるサッカー教室も，そのグラウンドを使って行われることになった。PBL 学生がネットワークのコーディネーターとして機能している好例だろう。

3）四季イベントの開催

もう一つの協働の柱として，2012 年度より始められた取り組みである四季イベントの開催がある。これは，地域住民が気軽に大学を利用できるように，また，大学生と地域住民との関係性をより深めることを目的として行われてきたものだが，春夏秋冬の季節を感じられるように，大学生・地域住民がイベントを企画・運営しているものである。そもそも，学生たちが活動をしている中で，「子どもをなかなか遊びに連れていけないから，大学を開放し，無償でイベントを開催してくれると助かるし，子どもたちにも良い経験になる」や「イベントを行ってくれると気軽に大学に入れる」といった地域住民の声を聴取していたことが一つのきっかけになったともいえる。それまでの大学資源活用・開放が，年に数回の教養講座の開催や図書館利用にとどまっていたことを考慮するならば，学生の当該企画提案と行動は，一石を投じたものといえよう。

表 2-1　四季イベントの概要

春イベント	大学キャンパス内の桜並木での学生と地域住民がふれあうお花見イベント
夏イベント	地域の小学校の児童と保護者を対象にした流しそうめん，七夕にまつわる演劇，短冊を竹に飾るイベント
秋イベント	焼き芋，野菜スープの提供，子どもたちとのブックカバーの製作，ゲーム大会やハロウィーン企画
冬イベント	外国人留学生，ESS サークルと共同開催。アルファベットを用いたクリスマスゲーム，牛乳パックを用いた靴下づくり，手作りの中華料理の提供

なお，これまでに行われた四季イベントの概要については表 2-1 を参照してもらいたい。

4）地域への提言（気づきから築きへ：安全安心のまちづくり）

地域問題の気づきに始まって，それを共有し解決行動をとっていくことが一つの協働のプロセスとするなら，前述の通り，そこに，「ふりかえり＝評価」も伴って当該過程を行きつ戻りつしてきたのが，菅原東校区 PBL（「ひと・まち・であう／つくる」プロジェクト）による取り組みであったといえよう。地域側にとっては，自分たちでは気づきにくい問題を指摘してもらい，解決のためのアイデアをもらう。また，自分たちだけではなかなか取り組めなかったことを，若者たちの協力を得て，一緒にやっていく。こういったことが，協働のプロセスにおいては，ミクロ的に生起しているものと思われる。その中でも，とくに，近年どの地域においても頭を悩ませているのが，地域防災・防犯の課題である。いうまでもなく，1995 年の阪神・淡路大震災および 2011 年の東日本大震災以降，「自助・共助」の重要性がたびたび語られてきており，その認識の共有化は地域住民において図られてきているとはいえ，実際の行動局面になかなか移すことができていないのが現状である。

そこで，2011 年以降，地域住民と学生の間で，一つの大きな柱として取り組みを進めてきたのが，「安全・安心のまちづくり」である。

前述の通り，2008 年秋ごろから開始された地域調査に端を発しているわけだが，2010–11 年にかけてプロジェクトが立ち上がってからは，防犯や交通事故の面をクローズアップして，むしろ，地域側からの要請を受ける形で検討を進めていったのである。

2011 年 1 月には，プロジェクトの学生が，菅原東校区の防犯委員の方々，約 50 名に対し，中間的な報告としてフィールドワークの成果披露を行った。そして，当

時のプロジェクトメンバーは，この成果をさらに深め，中間報告会時に参加住民からだされた意見なども踏まえ，後日，「安全・安心マップ」として，菅原東校区の全戸に配布する運びとなったのである。

この安全・安心マップでは，昼夜にわたるフィールドワークの成果をもとに，たとえば，「街灯がない」「暗くて狭い道のため，一人歩きは危険」「抜け道のため交通量が多い」などの気づきを，校区のマップ上にポインティングしていく形をとった。そして，前述の中間報告会から約半年後の2011年7月に，菅原東校区コミュニティ協議会の定例会において，当該マップの引き渡しが，プロジェクト学生から行われた。

そして，こういった地域防犯の提案は，2011年以降も，地域との協働の中で，実践が繰り広げられていった。

まず，地域の防犯対策向上の取り組みとして，近隣住民と学生に呼びかけて，車のナンバープレートのねじを，通常のねじから盗難防止のねじへと交換する活動が学内で行われた。当日は枚方警察署の方の協力も得て，地域住民と共に啓発活動が展開された。この盗難防止ねじの交換の取り組みは，日本で年間2万2千件のナンバープレートが盗難され，それが他の犯罪へ利用される現状を踏まえて行われたわけだが，大学を含んだ地域全体の防犯対策として，非常に有意義なものとなった。

さらに，2011年の「安全・安心マップ」作成を受けて，今度は防災に力点を置いた取り組みが企画された。2012年には，9月の防災の日にあわせ，地元の小学校で防災訓練が行われた。放水訓練や地震を擬似体験できる起震車での地震体験，煙道を潜る体験，炊き出し訓練などの訓練を実施し，地震や災害時は自助・公助の精神で確実に避難できるよう，日頃の訓練が大切だと実感を深めたのである。

なお，こういった協働の実践は，地域の「防災マップ」へと結実していった。2011年の「安全・安心マップ」を踏まえ，1年間かけて，PBL学生と菅原東コミュニティ協議会・NPO法人すがはらひがしが，「防災マップ」の作成に着手していった。前回作成した安全・安心マップをもとに，よりいっそうよいマップを作るため，どうすれば必要な情報が見やすくなるか，また，いざというときにすぐに取り出せるところに今回の防災マップを置いてもらえるかなどについて，何度も地域住民の方と話し合いを重ね，表紙には家族との連絡先が書き込めるようにし，配布時には，紐やフックに掛けられるように穴の開いたクリアファイルを同封するなどの工夫をこらしたものとなった。

5) 校区コミュニティ協議会定例会への参加

　第3フェーズの「協働」ということでいくと，大切なことは，双方で定期的に話し合う場をどう確保していくかということであった。地域のNPO法人すがはらひがしの事務所，たとえば「ぶらっとホーム」が，そのプラットフォーム[7]の役割を果たしていたといえる。しかし，その場所自体はあくまでも地域のサロンの一つにすぎず，菅原東という地域のまちづくりアクターが一堂に会し，そして，課題解決へ向けた戦略を立ててスケジューリングする機会は，別途，プロジェクトメンバーを含めて設定する必要があったのである。

　幸いにも，従来より，毎月第一土曜日の夜7時から9時まで，菅原東小学校の図書館を借りて，校区コミュニティ協議会の定例会が開かれており，PBLメンバーもここに参画させてもらうことになった。後述する地域住民向けアンケートの実施や，学生企画のまちづくりイベントなどは，ここでの話し合いがなければ，なかなかスムーズに運ばなかったものといえよう。また，地域内各自治会のメンバーなどは，1年交代で変わることが多いことから，満遍なく地域住民との相互理解やコミュニケーションを図る場としても，PBLメンバーにとっては有意義であった。そして，新たな地域資源や菅原東の問題に気づける場としても大きな意味があったと考えられる。

6) ふれあいフェスタの運営

　このイベントについても，地域活性化や三世代交流を目的として，プロジェクト学生および地域住民が協働で開催しているものである。2010年までは地域住民の単独企画であったが，2011年以降は毎年6月に，学生も共に関わるかたちとなっている。

　菅原東校区においても，現代的な課題として高齢化は避けられないものとなっており，枚方市や全国平均よりも高い28％ほどの高齢化率になっている。その中でも，とくに，一人暮らし高齢者が増加しており，「引きこもり」にさせないために地域とのつながりを生む活動を展開してきているところである。また，小中学校生の親世代にあたる中堅層のまちづくり参画についても，現状は心許ない。こういった地域課題への一つのアプローチとして試みられたことが，この「ふれあいフェスタ」であった。

---

[7] ここではひとまず，多様な主体の協働を促進するコミュニケーション空間として定義しておく。

7）ふりかえりとしてのワークショップ開催

　地域と学生との関係が，協働的な課題解決型へと変化していることの一つの証左として，「ふりかえり」が継続的に，また組織的に行われてきていることが挙げられよう。日常的な「ふりかえり」としては，担当教員である筆者とPBL学生らとの定例会議や適宜行っているアドバイス，メンバー間および地域住民との意見交換がある。また毎年1月ごろに，ワークショップ形式で，地域住民とプロジェクトメンバーによって，前年に設定した目標や事業についての進捗確認，それらを踏まえての改善計画，すなわち，新年以降の課題設定と戦略の練り直しなどを体系的に行っている[8]。

　たとえば，2012年1月に行われた「ふりかえり」ワークショップでは，それまでのプロジェクト（PBL）は地域イベントに積極的に参加することで，校区住民の方々における認知度向上を図ることに成功しているという好評価を得ていたが，PBLメンバー自らが企画して取り組んだ活動は少ないことに気づかされた。結果，2012年は，PDCAサイクル（Plan（計画）→ Do（実行）→ Check（評価）→ Act（改善））の中でもPlan（計画性・企画力）を意識しながら積極的にイニシアチブを発揮し，メンバーの能力向上，そして，プロジェクト・地域の「底力の向上」を目指して活動していくという改善方針が立てられたのである[9]。

　ここでは，一例として，2012年度末，すなわち活動経過から3年度間を終えるにあたり，2013年度以降へ向けた学生主体の「ふりかえり」による気づきをまとめておくことにする（表2-2）。

　表2-2にあるような三つの切り口から，2013年度以降の方針が確認され，「（このPBLフレームを活用して）菅原東校区にもっと深く入り込むことが，地域・大学双方の活性化につながる」という大きなテーマをお互いが意識しながら現在まで進められてきているのである。

8）前者がプロジェクトの進行中にふりかえる「リフレクション in アクション」とするなら，後者は，プロジェクトの終了後に（物理的な時間の区切りにおいて）ふりかえる「リフレクション on アクション」と分類できよう（ショーン，2007）。松尾（2014）は前者の重要性を述べているが，筆者は，「認知的徒弟制」というPBLの本質を踏まえた場合，後者も含めて大切だと感じている。

9）もちろん，この時点で，当該PBLが2010年度に本格化して以降，2年度目途中の段階であり，フェーズでいうと当時は，第2フェーズ（地域問題の当事者への接近など）を意識してやっていたことを鑑みれば，このふりかえり内容は当然のものであったかもしれない。ただ，こういった省察の仕組みが組み込まれていたからこそ，前述の「四季イベント」という学生主導の第3フェーズの取り組みが興されたと考えられよう。

表 2-2　学生主体の「ふりかえり」による気づき

【Will やりたいこと】
・プロジェクトは，もっと，地域の声を大学に反映させられる存在でありたい
・菅原東校区全体をもう一度歩いて，改めて地域資源を発掘していきたい
・これまで以上に活動内容をより多くの人に知ってもらい，こういった協働型のまちづくりについて全国に PR していきたい
・大学を防災時などにおける避難場所として機能させたい
・他のボランティア学生も，このプロジェクト活動に巻き込んでいきたい

【Can できること】
・各種地域活動へ企画段階から参加していく
・四季イベントなど，協働型の取り組み規模を拡大していく
・地域住民と活動を通しながら今まで以上にコミュニケーションをとっていく
・活動していくメンバーを増やしていく
・もっと主体的・積極的に参画・協働していく

【Must しなければならないこと】
・在学生や地域住民に，プロジェクトの活動内容を広く知ってもらう必要がある
・（やることが目的ではなく）持続発展していくための活動・組織を考えていく必要がある
・菅原東校区における隣近所の付き合いの強化をしていく必要がある

2-4　第4フェーズ（お互いの絆へ向けて）

1）横断幕の設置とアドプト・ロード「ひと・まち・であう」の導入

　2012年の4月，プロジェクトと菅原東コミュニティ協議会は，大学前通りの大阪府道17号線沿いの柵柱に，《「歩み・育ち・支え合い」地域と共に　大阪国際大学》という横断幕（まちづくりのスローガン）を設置した。この横断幕は，大学と地域との連携をより多くの地域住民の方々や地域外の方々にも知ってもらうために設置したものであったが，横断幕のデザインや標語などについては，地域住民の方々と学生が一緒に考えながら何度も話し合いを行い作成したものであった。形にこだわったわけではなかったが，これまでに培ってきた協働関係の証として，こういった標語を地域内に掲げていくということには大きな意味があったように思う。つまり，今後も，大学がこれまでの活動のなかで培ってきた地域との絆をさらに強めていけるよう，PBLや地域連携をしっかりと展開していくことを約束したことになるし（地域の方からいっそう「愛される大学」に発展するきっかけになることも想定された），地域側にとっても，大学と協働的なまちづくりを進めている校区として，愛着をもつとともに，誇りを有するようにもなるだろうと考えられたからである。

　なお，この横断幕が掲げられている通りの府道自体，アドプト・ロード[10]として，「ひと・まち・であう」という名前が付けられている。

図 2-4　地域内に向けられた協働メッセージ（出所：PBL 参加学生および筆者撮影（2012 年 4 月 4 日））

　図 2-4 のバスのステッカーや，大学前通りのアドプト・ロードに掲げられたメッセージのもつ意味は大きい。数々の協働的な歩みを経て，地域住民と学生たちで練り上げられたこの文言は，活動開始期に定められた指針というよりは，お互いが支え合い，育ってきた道程を要約してくれている。

　もともと，枚方市に多くある小学校区のなかでも，独自の取り組みをしていた菅原東校区であったが，その地縁を母体とした絆に，「集縁」（第 3 章注 15）参照）が掛け合わせられて，大学生などのヨソモノ・ワカモノとのつながりが生み出された。地域に基盤をおくソーシャルキャピタルと多様な人々を架橋するソーシャルキャピタルとが巡り会った地域と考えてよいと思うが[11]，まさしく，まちをつくりながら，人が地域の中で学び育ってきているのである。大学側からの経済的な支援，すなわち戦略的予算プログラムとしては終了したが，「金の切れ目が縁の切れ目」という次元を超えた絆が，まさしく創出されることになった[12]。

■ 2-5　当該 PBL の評価（第 4 フェーズ補論）

1）菅原東校区全世帯アンケート調査による評価

　菅原東校区と大阪国際大学との連携活動を深め，校区の各事業の発展と次世代へ

10）アドプト・ロードとは大阪府の都市計画・都市整備の取り組みの一つで，地域住民が「身近に利用する道路を自分たちの子供のように育てていくというコンセプトのもと，市民グループや企業等の」人々の賛同を得て，「道路の一定区間の清掃や緑化などの美化活動を継続的に実施」している道路である〈http://www.pref.osaka.lg.jp/dorokankyo/adoputoload/index.html（最終確認日：2018 年 11 月 2 日）〉。

11）たしかに，従来型の地縁団体を中心とするソーシャルキャピタルは一定の効用をもちうるものの，今後は，地域の多様なアクターが連携して橋渡し型ソーシャルキャピタルを醸成し，さまざまな問題に対処可能な地域を創り出す必要があるのだろう（柏木, 2016）。なお，地域の持続可能性を考えていくとき，ソーシャルキャピタルの議論は外せないと筆者は考えているが，この点については，第 3 章の南山城村事例のところで考察をしたい。

の継承や担い手の育成，ならびに，校区の課題解決や大阪国際大学の学生の実践的な学びなどに役立てるため，菅原東校区の全世帯を対象に，まちづくり意識や大学との連携のありかたについて問うアンケート調査を行った。配布総数は3,802件で，回収数は920件，回収率は24.2%であった。2014年の1月から2月にかけて，校区定例会での趣旨説明を踏まえ，各自治会長経由で，全戸配布・回収をした。紙幅の都合もあるので，すべての設問回答について掲載はできないが，本書内容に関連するものをピックアップして紹介しておきたいと思う。

アンケートの問3では，「菅原東校区においては，平成22年度から，地域内に立地している大阪国際大学とNPO法人すがはらひがしの間で協定が結ばれ，「ひと・まち・であうプロジェクト」（平成25年度からは「ひと・まち・つくるプロジェクト」に名称変更）という連携したまちづくり活動が進められてきていますが，あなたはこれらの活動についてどの程度ご存知ですか」と尋ねており，結果は表2-3のようになった。プロジェクト活動を菅原東校区内で始めて3年半くらいでの成果として，回答1，2，4群を正の認知度傾向を示すものだとすると，510名（55.5%）は

表2-3　アンケート：問3「ひと・まち・であうプロジェクト」の認知度

	回答者数（人）	比率（%）
1. 活動をおおむね知っている	112	12.2
2. 活動内容までは知らない	378	41.1
3. まったく知らなかった	356	38.7
4. ともに活動を行っている	20	2.2
5. その他	4	0.4
無回答	50	5.4
合　計	920	―

12) 福岡県八女市の域学連携事例においても同じことがいわれている。たとえば学生の受け入れ元になってきていた同市市長公室の井手氏は，学生たちの地域参入により，「今まで地域づくりに参加したことがなかった人たちも何かの活動に加わるようになり，新しいつながりが構築できたことが成果だ」（飯盛，2014：93）と強調されている。ちなみに，紹介したPBL事例において，学生たちの動きに触発された地域の中堅世代が「コミュニティジュニア」という組織を立ち上げ新しい活性化の取り組みが開始されている（「菅原東小学校教室風景」〈https://www.city.hirakata.osaka.jp/0000021819.html（最終確認日：2018年12月12日）〉）。

表2-4　問3-1　大学と地域との連携の効果がみられたもの

	回答者数（人）	比率（％）
1. 校区への経済波及	7	5.3
2. 校区への情報提供・発信	76	57.6
3. 校区の外部へ向けたPR	23	17.4
4. 交通や施設整備などの都市機能の強化	7	5.3
5. 地域の教育機能の向上	31	23.5
6. 地域産業（商店街など）の活性化	13	9.8
7. 地域の担い手の育成	36	27.3
8. 大学のある地域としての景観面の保全・向上	31	23.5
9. その他	1	0.8
10. わからない	11	8.3
総回答者数	132	―

問3で「1」「4」と回答した者にのみ回答してもらった。
複数回答の割合については回答数でなく回答者数で割っているため，合計しても100％にはならない。

過半数を占めているので，一定以上の評価を与えてよいのではないだろうか（大学主催の後述イベントとの比較）。

　次に，問3の枝問3-1として，問3で1あるいは4を回答された132名の方について，「大学と地域との連携によるまちづくりについて，効果があったと思われる項目について，以下から選んでください（○印がいくつでも）」と尋ねた。結果として，2「校区への情報提供・発信」が76名で，7「地域の担い手の育成」が36名，他，5「地域の教育機能の向上」と8「大学のある地域としての景観面の保全・向上」がそれぞれ31名の回答となっていた。プロジェクトが大学内外の資源を菅原東校区内に紹介したり，彼・彼女ら自身が提言・提案してきたことを考えれば，「情報提供・発信」効果が一番であったことは納得がいくところである。また，PBL枠組みが学生だけではなく，地域人材をも育てていると評価してくれている人が次いで多かったことも意味のある傾向ではないだろうか。そして，このPBL自体が，地域側も教育者であると捉えていることの表れとして，あるいは，「てらこや友遊」などの協働的な取り組みを評価して，5「地域の教育機能の向上」の回答ポイントが高いとみることもできよう。一方で，1「校区への経済波及」は7名，4「交通や施設整備などの都市機能の強化」も7名と，大学と地域との連携が目に見えるインパクトを伴ったものではないことも確認できている。社会的な活性化に関しては，一定の効果を

あげつつも，経済的な活性化にはつながっていないということであった[13]。

続いて，問7群では，大学の地域貢献について，「大阪国際大学が行っている校区向けの取り組みについて，それぞれの認識状況および今後の必要性について，それぞれお答えください」と尋ねた。ここでは，大学事務局が主導で行っている事業と，プロジェクト主導で進めている事業とで特徴的な傾向がうかがわれたので，それらについて記しておく。

まず，前者については，1「公開講座の実施（無料で受講できる公開授業を年間5回程度実施している）」，2「科目等履修生制度の実施（語学やパソコン演習など興味ある科目を選んで，年間を通じ受講できる制度）」，3「図書館の開放（大学図書館が平日および土曜日に開放されており，貸し出しも可能となっている）」，10「枚方体育協会と大学の連携によるスポーツ指導」が該当しており，利用（参加）・認識状況については，それぞれ表2-5のようになっていた。大学事務局主導群の利用（参加）平均は4.15%にとどまり，認識していない層は58.7%にも上っていた。

次に，後者についてそれぞれみていくと，4「朝市の実施（2，3か月に一度，大学構内で学生企画の市場が開かれている）」，5「四季イベントの開催（季節に一度，親子の交流を目的とした学生企画のイベントが行われている）」，8「菅原東小学校における「てらこや友遊」活動の展開（小学校において毎週土曜日に開催。学習指導や体験学習，スポーツ遊びなどを実施）」，最後に9「校区の安心安全マップ・防災マップの作製・配布」が該当しており，利用（参加）・認識状況については，そ

表2-5　問7群　大学事務局主導群の利用（参加）・認識状況

	利用（参加）している（%）	知っている（%）	まったく知らない（%）
1. 公開講座の実施	7.2	49.9	39.0
2. 科目等履修生	1.6	36.2	56.6
3. 図書館の開放	4.8	25.3	65.3
10. スポーツ指導	3.0	15.0	74.0
全体平均	4.15	31.6	58.7

[13) 菅原東校区では，枚方市社会福祉協議会による「地域生活実態アンケート」が2004年2月に行われていたが，その中の文言に，「大学」というキーワードは一つも出てきていない。今回，当該アンケート自体，学生と地域住民の協働で行われたことからして当然といえるが，調査内容として，大学との関係が含まれたことは一定の進歩とみてよいだろう。

表2-6 問7群 プロジェクト主導群の利用(参加)・認識状況

	利用(参加)している(%)	知っている(%)	まったく知らない(%)
4. 朝市の実施	17.9	55.2	22.7
5. 四季イベント開催	11.1	40.5	48.8
8.「てらこや友遊」活動の展開	7.2	31.3	57.1
9. 安全安心マップ・防災マップの作製・配布	8.7	39.1	44.1
全体平均	11.2	41.5	43.2

れぞれ表2-6のようになっていた。これらプロジェクト主導群の利用(参加)平均は，11.2%になっており，大学事務局主導事業との差は7ポイントもついていた。また，認識していない層についても，43.2%にとどまり，同じく差は15.5ポイントも開いていた。

　これらの結果だけからの単純な考察は慎まなければならないが，大阪国際大学が菅原東校区にキャンパスを構えて4半世紀が過ぎた中，学生がPBLフレームを使って取り組んだ事業などの方が，地域の認識度は高い(逆に非認識度が低い)という数値が示された。大学と地域との関係を考えた場合，大学事務局が主導するよりも，学生主導によるPBLベースでの取り組みをする方が，地域協働であったり，大学の地域貢献が受け入れられやすいといえるのかもしれない。

　なお，問7群については，前述の各事業につき，必要(不必要)度もそれぞれ訊いているが，それぞれ65-75%(不必要度は5-10%)の範囲内におさまっており，特段，有意な違いはなかったことを付け加えておきたい。

　最後に，このアンケートの問12として，「大学と地域社会との関係や，今後へ向けた連携のあり方，また，菅原東校区におけるまちづくりの方向性など，ご自由にお考えやご意見などをお書きください」と尋ねたところ，154件もの回答が寄せられた。その全てをここで紹介はできないが，プロジェクトに関する質的評価の部分について，以下にまとめておく(表2-7)。

　これらの回答からわかることは，【プラス評価】で共通して大きく挙げられたこととして，「若い担い手としての期待とそのことへの感謝」というものであった。このことは，プロジェクトが第1，第2フェーズを通じ，ある意味，サービスラーニング的に地域内に入り込んで活動展開してきた成果であるといえるだろう。次に挙

表 2-7 問 12 に寄せられた回答（一部抜粋）

【プラス評価】
- 夏祭りで学生さんと打ち上げの時少しお話をしましたが，大学生がこんなに地域のことで応援してくださっていることを知り，益々の皆さんの支援を希望します。
- 国際大学の学生の方には，地域のイベント等でいつも活躍して下さって，「若いのにえらいなあ」と尊敬していました。これからも子どもたちの見本となり地域の子どもたちをよろしくお願いします。
- 秋の区民体育祭に参加されている学生さんたちの様子を拝見いたしまして，積極的に楽しそうにされていて，とても好感が持てました。地域の住民からは参加の少ない年代なのでとても貴重です。
- 大阪国際大学が地域社会と関係していくことはとても良いことと思います。何をすべきか，何が気持ちよく生活できることか，住民と学生が互いに考えることは素晴らしいと思います。
- 夏祭りや市民体育祭などお手伝いして下さっているのを見て，すごくありがたく思います。小・中学生の子どもたちにとっては，少しだけ年上の大人と接する機会はとても勉強になっていると思います。
- いろいろなイベントを大学でされている中で，お祭り（文化祭）や朝市などに参加したことがあります。活気があってよかった。これからも地域の活性化に向けて活動してほしい。
- 毎週土曜日の「てらこや友遊」を私の孫もたいへん楽しみにしております。学生さん方，お勉強でお忙しい中，また，自由に過ごしたい貴重なお時間を子どもたちの健全な育成のために使ってくださいまして，心から感謝を申し上げます。
- 学生は4年間で卒業していってしまいます。しかし，学校の方針として地域との交流についても教えて頂けることは，双方にとっても良いことだと思います。もうかなりの実績もありますし，期待しております。高年齢化していく地域ですので，若者たちが参加してくれることは活性化につながっています。
- 小（中）学生と，大学あるいは学生の皆さんと触れ合える貴重な機会を今後とも継続いただけたら嬉しいです。日頃からの「ひと・まち・つくるプロジェクト」の皆さんの献身的な活動に心から感謝しています。
- 校区内に大学のあるお蔭で，他地域よりイベントが充実しているので（子ども参加型のイベント実施が多く）よく足を運ばせてもらっています。子どももいつも喜んでいます。ありがとうございます。
- 地域の夏祭りでは，学生さんも参加され，各自治会も大変助かったと思います。今後も参加してほしいと思いました。若い力が必要です。

【改善提案】
- ようやく大学の活動が理解されてきたが，校区（地域）全体に周知されたとは思えない。継続することが必要。
- 以前住んでいた所は近くに別の大学があり，その大学で行われるイベントの案内のチラシがよくポストに入っていましたが，国際大さんは発行しないのですか。
- 商店街の活性化に若い人たちのアイデアを生かして充実したまちづくりができないでしょうか。
- 大学と地域との連携がしっかりあるのを知り心強く感じました。「広報ひらかた」以外で周知はされていますか。知らないことが多かったので。
- 長尾東町から大学までは遠いので，近くの公民館での活動もしてほしい。
- 大学の開学コンセプト，学生の活動成果が地域に浸透していないのか，地域住民に密接性に乏しい感がある。有効なPRが欲しい。
- いろんな活動をされていることに気付いていませんでした。子育て中なので小学校などとの連携した活動を一層望みます。

表 2-7 問 12 に寄せられた回答（一部抜粋）（続き）

【改善提案】（続き）
- このアンケートで国際大学がこんなに多くの地域貢献をされていることを知りました。ありがたいことだと思いました。地域にとっても学生さんにとっても得るものが大きいと思います。あまりたくさんの取り組みを増やすより、今行われていることや結果を改善しつつ、より良いかたちになるように進めて行かれるのが良いのでは。無理をすると長続きできませんから。
- 校区コミュニティと大学が協力していることのアピールをしてください。内容も共に。
- 各自治会活動に（役員会等にオブザーバーで）出席し、何が問題点があるのか分析し、アドバイスが欲しいものである。
- 小中学校との連携（授業や部活の支援など）をすすめてもよいと思う。地域から見れば大学の教育資源の開放やマンパワーの供給はありがたいので、大学からもっと「大学としてやりたいこと」を発信してもらいたい。
- 各地域にある自治会館を大学側が大いに利用し、地域の自治活動に反映されたい。
- 大学を住民がどう利用できるかがわからない。校区だよりを読むことくらいが情報源です。まちづくりに大学生がずいぶんと協力されていることには気づきませんでした。
- 大学と地域社会を対比させる考え方では、時の変化に対応は十分できなくなるように思う。対比ではなく、平面的な相互扶助の有り様で、共通の考えが存在するのか確認してみては。
- 一度大学の学内に入る機会があり広々とした構内や食堂にホッとするものがあって、一時的でもいいから校区民に開放してもらっておしゃべりの場などを設けてくれたらと思いました。

げられることは、「小中学生の身近なモデル」としての評価と期待であった。前記アンケートの問 3-1 への回答に関連することとして、「てらこや友遊」に代表されるような地域の教育力向上へ向けて、PBL 学生の果たしている役割は大きいと考えられる（「大学と地域との連携の効果がみられたもの」として「地域の教育機能の向上」に対する評価は、総回答数 132 件中 31 件（23.5％）の評価を得ていた）。そして、もう一つは、やはり「活性化への貢献」ということである。経済的な活性化に関して課題はあるものの、社会的な活性化に関していえば、媒介役としてのプロジェクト学生の意義は不可欠なものとなっていよう。

　一方で、【改善提案】で共通して取り上げられたこととして、「PR が不足している、広報活動の充実」ということがあった。現状、大学のホームページやプロジェクト活動のブログ・SNS、また、地域内の広報誌を通じ、発信作業を行ってきたが、地域内の隅々にまで顔と顔の見えるような関係づくりができていないということが明らかになったといえよう。このことは、「活動展開を広げる」であったり、「大学の開放機会を増やしていく」という意見とも関連するものと考えられる。後者に関しては、「四季イベント」のような形で親子世代には一定の効果を示したかもしれないが、高齢者層への利用拡充には至っていない。また、前者に関していうと、小学校や NPO 法人すがはらひがし事務所のみを PBL 学生の活動拠点とし、校区内の自

治会館などには展開できていないということによるものと思われる。もっと幅広く地域内の各資源と課題を捉えて，まさしく，「学生のアイデアを活かす」ようなアドボカシー（提言）活動にも力を注いでいかなければいけないという課題が明らかになったといえよう[14]。

このように，質的意見からは，第1,2フェーズへの一定の評価と，第3フェーズにおける協働の不十分さが指摘された。そして，「サービスラーニング」的な取り組みから，課題解決をさまざまな地域資源ネットワークのなかで立ち上げていくような企画実行力への昇華について試されていることがうかがわれたのである。

なお，「地域生活実態アンケート」（2004年・枚方市社会福祉協議会）の調査結果では，「住民が力を合わせて主体的に取り組む課題」の第2位に，「防犯・防災などの日常的な協力体制づくり」が挙げられていたが，今回のアンケート結果からも，問6「地域活動の活性化に必要なこと」として，第1位が「一人暮らし高齢者などの安否確認」，第2,3位として，「児童の見守り活動」「防犯パトロール」となっていた。この面におけるPBL学生の課題解決も不十分であり，安全安心マップなどの作成にとどまらず，具体的なシステム設計から運用への関わりが求められていることが指摘されよう。

---

14) この点については，「地域円卓会議」などの採用を検討してもよいかもしれない。角（2014）によると，地域の課題を「他人事」ではなく，「自分事」にしたステークホルダーが増えれば，課題解決に取り組むプレーヤーの増加・顕在化につながるということが整理されている。

地域との連携によるPBL実施のポイント：菅原東校区事例からの含意

■ PBLを企画しようとしている教職員は，フィールド選定に活かすため，積極的に社会貢献を引き受けてみる

　たとえば，市町村レベルの基礎的自治体の審議会などには，当該地域を代表する人的資源が必ず来ているし，講演会などには，勉強熱心な住民の方々が訪れてくるが，そういった人たちは自治会の役員などを引き受けたりしていることが多い。PBLのフィールドを探すためには，こういったところで培ったネットワークを駆使するべきである。このことは，活性化へ向けて大学と連携したい地域側にもいえることで，たまたまいかざるをえなくなった委員会も，動員で声のかかった講演会も，大学とのつながりを作るという意識で臨めば，時間の無駄ではなくなってくるだろう。

■ PBLを実施しようとしている教職員は，まず関係づくりから始める

　当該PBLの展開に必要と想定しているアクターとは，話し合いを重ねることはもちろんのこと，必要があれば大学内の講義などに，ゲストスピーカーとして招き，PBLで解決しようとしている地域問題の状況などについて講演を何度も行ってもらうとよい。

■ PBLに参加している学生と地域住民間の信頼関係については，イベント参画を通じて構築していく

　PBLのフィールドとなる地域では，年間を通じてみてみると，祭りや運動会，子どもたちの登下校時の見守り，一人暮らし高齢者の送迎など，当該住民が主体となって行っているものの，担い手不足になってきている状況がうかがわれる。これらへの参画自体もPBLではあるが，サービスラーニングとして，ボランタリーに関わっていくことは，PBL本体と並行して継続していきたい[14]。

---

14)「体験型学習」の一番ベーシックなものとして，「ボランティア活動」が位置づけられるのなら，そもそもPBLと切り離して考えることにはあまり意味がないのかもしれない。たとえば，「地域活性化のための活動に，学生がボランティアで参加し，多くの「体験」と「学び」を通して成長する」ことを基軸に据えた，熊本県立大学の「KUMAJECT（クマジェクト）」という地域活性化プロジェクトを参照されたい（上拂, 2014）。

地域側からすると，解決してもらいたい問題以外のところでも，学生が参画できる機会と場を用意しておくとよいだろう（地縁団体をベースにした取り組みに大学が関わっていく場合，地域の定例会などに学生が参加し意見を述べていくことは必要不可欠であろう）。

■ 地域資源を認識する，発掘するようなフィールドワークを行い，住民の前でプレゼンテーションをさせる

　PBLは地域問題の解決に学生たちの知恵や行動力が試されるものであるから，早期に，地域のことに通暁しておくような調査はやっておくべきである。しかも，それが独りよがりにならないように，地域住民の前での報告会も企画として組み込むとよいだろう。このことで，地域資源をテーマにした双方のコミュニケーションが生まれるし，お互いの方向性の違いなども確認ができることになる。地域側からすると，こういった他者（ヨソモノ）からの視点は新たな学習機会ともなり，自分たちでは気づけなかったようなことにも目を向けさせてくれることにもなる。

■ PBLを動かしていく枠組みとして，大学と地域間で協定を結ぶ

　これは大学と自治体間で締結されるような包括協定ではなく，当該PBLに関して対象地域との間で結ばれるようなものである。こういった覚書的なものの取り交わしは，お互いの絆を確認することでもあるし，もしもの時などの責任の所在を明らかにしておく意味もある。また，予算の負担をどうするか決めておくことも考えられよう。ともかく，PBLを両者でオーソライズしておくものとして協定書などは必要と考えられる。なお，協定書の内容について，学生自身に原案を考えさせること自体，学びの多い取り組みとなる。

■ PBLを推進している地域としてメッセージを発信していく

　横断幕やメッセージボード，看板などの設置をしたり，地域内の広報誌や回覧板などで情報提供をしていくことで，他住民に対しても訴え，巻き込んでいくことは欠かせない。多くの住民がPBLに関わっていくことで，その地域の自治力がアップしていくからだ。また，ブログやホームページを開いたり，SNSを使って取り組み状況を流していくことも必要である。こうすることでメディアに取り上げられたり，学生・地域住民ともに愛着と誇りをもつ地域となって

くる。PBL 自体も他の視点が加わり，ブラッシュアップが重ねられていく。

■ **必要資金については，大学・地域双方の組み合わせで考えていく**

　PBL を推進していくにあたって，担当者が一番頭を悩ませるのが資金の調達だろう。COC など公的補助のあるプロジェクトに採択されれば話は別だが，すべての大学が採択されるわけでもない。ただ，よほど大規模な PBL を企画しない限りは，単年度予算で 100 万円程度の範囲におさめることができるのではないだろうか。大学側には，学生が主体的に地域課題解決に取り組む場合，資金援助を行う仕組みが生まれつつある（筆者所属の大学では「学生チャレンジ制度」という支援のシステムがある）。また，地域側においても，小学校区やコミュニティ・まちづくり協議会単位の自治が推奨されているなかで，今までのように縦割りではなく，包括的な補助金が用意されつつある。こういったものの組み合わせを基本とし，各種外部補助金にエントリーしていくことが望ましいあり方ではないか[15]。なお，こういった補助金獲得に際しても，学生はいろいろな学びを得ることはいうまでもない。

■ **次世代を育成していく視点を忘れない**

　PBL に参加した大学生のうち，対象地域への愛着や思い入れが生じ，その地域への継続的な関わりを望むようになる者もいる。地域側としては，そういった者が引き続き活躍できるような場所を用意しておくということも大切である。また，PBL に関わっている大学生だけが次世代を担うわけではない。むしろ，対象地域内の小学校・中学校・高等学校においても PBL を成立させていかなければならない。そこへの参加を通じて，自分たちの地域に誇りをもち，住み続けることを選択する児童生徒を生むこともまた，欠かせない視点である[16]。

---

15) 短期的な PBL 展開の場合は，こういった補助金などのやりくりで運営は十分可能であろうが，中長期的に，地域を包括的に支援していくスタイルを志向するなら，NPO 法人化や社会的企業化を模索する必要もあるだろう。
16) 前記した「てらこや友遊」の取り組みなどを参考にされたい。たとえば，毎年度末，参加児童へのアンケートを実施しているが，「自分がもし大学生になった時，小学生に勉強を教えたり，このような活動をしてみたいと思いますか」という質問において，「是非やってみたい」「できればやってみたい」との回答が，平均的に約半数を占めることは素直に評価してみたい。

■ 定期的にアンケートなどを行い，学生の変容や地域の変化などを評価していく

　イベントごとの評価はもちろん，年次評価や経年での変化をおさえ，PBLをやりっ放しにはしないということである。とくに，単位取得を目的としないPBLの場合は，枠組みだけ作ってあとは地域にお任せ，預けっ放しということにならないように，教職員としては学生の変容をおさえておく必要がある。また，地域側もPBLを導入して，地域問題が解消されたのかについて検証することが求められる。アンケートやワークショップなどを行い，変化を確認していかなければならない[17]。

■ 教職員，地域住民，学生のすべてが，PDCAサイクルを意識し，PBLを体系的・発展的に捉えていく

　半期や通年の単位化されたPBLであっても，単一のデザインでPBLを設計運用しないことが肝要である。教職員は，PBLというフレームを通して学生の能力・意識向上を期待するが，それがすべてを担うものではない。したがって，他科目などとの関連を意識し，体系的に育てていくという視点は忘れてはならない。また，PBL自体も，期待した成果をおさめなかったのならば，修正していくべきである。そして，地域住民も，これだけ問題が複雑化してきているなかで，半年や一年程度の関わりで，解消されるとは思わない方がよい。PBLに参加する学生は数年で途絶えるわけではないのだから，長期的スパンをもって，段階的な取り組みを考えることも必要である[18]。なお，学生に関しては，積極的に外部評価を受けてほしい。そういった機会を積極的に活用することで，実践と知識が結びつき，さまざまな場面においても展開される応用力（汎用的能

---

17) 学外第三者による評価委員会を立ち上げることも一案である。この点については，共愛学園前橋国際大学の取り組み〈http://coc.kyoai.ac.jp/report/event/4173（最終確認日：2018年12月11日）〉を参考にされたい。

18) ちなみに，学生の能力向上という点からしても，2年度にまたがる段階的なPBLは，社会で求められる力を身に付ける教育手法として効果的であることが明らかになっている（小柳津，2015）。

19) たとえば，学修ポートフォリオによる指標達成度のチェックの仕組みなどが参考になろうが，この点については，広島経済大学の取り組み〈http://www.consortium.or.jp/wp-content/uploads/fd/1608/2f3a2f294c5e1b49d27dbff3f16ed82f.pdf（最終確認日：2018年12月11日）〉をご覧になっていただきたい。

力）に昇華されることになるだろう。各授業科目を受講する態度や意欲にも変化が訪れると思われ，PBL を中心に据えた単位取得を考えてもよいかもしれない[19]。

● 引用・参考文献

飯盛義徳（2014）．「「域学連携」のすゝめ」『ガバナンス』161, 92-93.
上拂耕生（2014）．「地域と大学の連携による地域活性化プロジェクト―KUMAJECT（クマジェクト）の取組み事例の報告」日本地方自治研究学会関西部会第100回研究会, 2014年7月19日, 於・大阪商業大学梅田サテライトオフィス
柏木智子（2016）．「第4章 学校と地域の連携による校区ソーシャル・キャピタルの醸成」露口健司［編著］『ソーシャル・キャピタルと教育―「つながり」づくりにおける学校の役割』ミネルヴァ書房, pp.64-86.
小柳津久美子（2015）．「段階的PBL実践研究―振り返りに着目して」『東邦学誌』44(1), 17-32.
ショーン, D. A.／柳沢昌一・三輪建二［監訳］（2007）．『省察的実践とは何か―プロフェッショナルの行為と思考』鳳書房
角 知子（2014）．「「沖縄式」地域円卓会議のとりくみ」『地方自治職員研修』47(9), 26-28.
高橋勇悦・内藤辰美［編著］（2009）．『地域社会の新しい「共同」とリーダー』恒星社厚生閣
田中 優（2009）．「地域社会における住民主体の危機管理・安全保障」『国際研究論叢』23(1), 115-133.
畑 正夫（2014）．「第9章 市民主体の社会イノベーションの進展―多主体協働の形成期を事例に考える」日本地方自治研究学会［編］『地方自治の深化』清文社, pp.157-173.
原田 保（2013）．「地域デザインの戦略的展開に向けた分析視角―生活価値発現のための地域のコンテクスト活用」『地域デザイン』1, 7-15.
松尾 睦（2014）．「瞬間瞬間を振り返り，考える「リフレクションinアクション」をOJTに組み込むには」『人材教育』26(6), 30-33.
真山達志（2002）．「地方分権の展開とローカル・ガバナンス」『同志社法學』54(3), 91-114.

03 京都府南山城村における実践考察

第1節　対象地域の概況

　本書で取り扱う PBL 事例のもう一つのフィールド（「地域」）が，京都府南東部に位置する「南山城村」である。同村の人口は，1995（平成 7）年国勢調査での 4,024 人をピークに，2015（平成 27）年には 2,652 人へと約 1,400 人も減少しており，質的・量的な変化が，急激な少子高齢化，過疎化を伴って押し寄せてきている[1]。

　また，同村の基幹産業たる茶葉の生産も，長年にわたるデフレ経済下の消費低迷やライフスタイルの変化（2006/16 年比で，一人あたりの緑茶購入量は約 19％減退[2]）などによって，茶価が下落（たとえば，2008/13 年比でみると，京都府内産一番茶の平均単価は，おおむね 15％前後低下[3]）し，産業としての自立が不透明な状況から，「自分の子どもには後を継がせられない」という多くの茶農家の声につながってきている[4]。結果，職を求めて村外へ流出する若年層が増え，このことはまた，村

---

1) 2010-2015（平成 22-27）年の国勢調査人口における減少率は -13.8％と，京都府内の自治体でワースト 2 位となっている〈http://www.pref.kyoto.jp/tokei/cycle/kokucho/kakuhou/kakuhogaiyo27.pdf（最終確認日：2017 年 11 月 2 日）〉。また，増田・日本創生会議 人口減少問題検討分科会（2014）らの調査によると，2010 年から 40 年までの間に，「20-39 歳の女性人口」が 50％以下に減少する市区町村のうち，このままでは消滅可能性が高いと推計される 20 市区町村のなかで，全国第 17 位に南山城村は挙げられている。
2) 「茶類の国内消費量の推移」〈http://www.zennoh.or.jp/bu/nousan/tea/seisan01b.htm（最終確認日：2018 年 12 月 11 日）〉より。
3) 「参考資料」（京都府）〈http://www.pref.kyoto.jp/nosan/documents/sankou.pdf（最終確認日：2018 年 12 月 11 日）〉より。

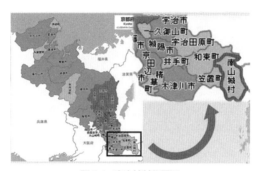

図 3-1　南山城村位置図
（出所：南山城村ホームページに基づき筆者が作成）

内各地区における担い手不足を惹起し，農家の廃業や規模縮小による耕作放棄地や空き家の増加など，二次的な地域課題も生み出してきている。

ちなみに，こういった次世代の担い手不足の状況は，農（産）業だけの問題にとどまらず，「結い」や「もやい」といった地域住民間でお互いの暮らしを支え合ってきた紐帯にも影響を与え，各地区における伝承行事や祭りの継続さえも困難にしてしまっている（2006 年までに，村内にあった 4 小学校は廃校統合された）。

それでは，この京都府南山城村における PBL を通じた地域活性化・地域協働の取り組みについても，第 1 フェーズ（問題の気づき）から第 4 フェーズ（心の絆・地域協働のシステム化）という基本枠組みに基づいて，まとめておきたい。

第 2 節　PBL の第 1 フェーズから第 2 フェーズへ

■ 2-1　南山城村でのインターンシッププログラム

第 2 章の菅原東校区事例では導入部分として，サービスラーニングやフィールドワークを用いたが，南山城村では，夏期休暇を利用した 2 週間のインターンシッププログラムを活用した。

筆者が 2008 年 4 月に大阪国際大学へ赴任するまでは，インターンシップ参加者

---

4) 事実，南山城村の茶農家数は近 10 年でほぼ半減し，93 戸となっている（「農村コミュニティ強化アクションプラン第 1 回検討会議議事概要」〈http://www.pref.kyoto.jp/noson/akusyonplan/documents/gijiroku.pdf（最終確認日：2018 年 12 月 11 日）〉や「宇治茶の主産地　南山城村」〈http://www.vill.minamiyamashiro.lg.jp/contents_detail.php?frmId=82（最終確認日：2018 年 12 月 11 日）〉より）。

の派遣先は，もっぱら，大阪・京都のサービス・営業系民間企業が大半を占めていたが，公務員志望者のニーズに応えるべく，自治体関連の受け入れ先開拓が求められていた。そういった中，筆者は2008年4月からインターンシッププログラムの担当となり，東奔西走していた。たまたまその時期に，大学院時代の知り合いであった京都府職員が南山城村に派遣されており，手を挙げてくれたおかげで，当該プログラムが開始された。この地におけるインターンシップの受け入れは，当時の筆者にとって，本当にありがたい話であった。というのも，当時から，将来的に南山城村でPBLを始めたいと考えており，その際に，自発的に村の問題に気づいてくれるようなコアメンバーとなる学生を育てておきたかったためである（結局，2008・2009年度は2名ずつ，2010年度は1名，さらに2016・17年度にも各2名派遣されて，いずれも南山城村におけるPBLの牽引役となってくれた）。

　このとき窓口となってくださった田中正則さん（2008-09年度南山城村派遣，2017年度現在・京都府山城広域振興局所属）にはインターンシッププログラムの導入にあたってたいへん丁寧にご対応いただいた。この方は人材育成に強い関心をもって，大学側・教員側の意向を考慮したオーダーメードのインターンシッププログラムを用意してくれた。通例，自治体でのインターンシップでは，コピー取りや文書の入力作業などの，ごく基本的な業務体験しかできない場合や，一つの職場体験だけで終わってしまう場合が多い。しかし田中さんは，複数の職場体験を経て，しかも，それぞれの課題関係者（村民など）との接点をもてるような配慮をしてくれた。そして，インターンシップ学生が気づいたことに基づいて最後に課題提案をできるような構成にしてくれたのだった。

■ 2-2　南山城村まちづくり政策フィールドワークの取り組み

　第1フェーズとして2008年度のインターンシップを終えた2名の学生は，幸いにも継続的に今後も南山城村のまちづくりに関わりたいという意志を示してくれていた。そして翌年度に3回生になった彼・彼女らを中心とした南山城村という実践フィールドでのPBLを開始できる準備が整った。そして，2009年度の夏期休暇を使って，最初のPBLプログラムを開始することができた。

　このPBLでは，実際に真正性の高い地域問題に取り組んでもらうという方向で，参加学生自身の南山城村における政策的な気づき（とその後に生起してくる協働的解決アプローチ）を喚起し，それら一連の取り組みから，地域住民に対しても啓発を行い，気づきを促していくという，いわば第1フェーズ（問題の気づき）から第2フ

ェーズ（他アクターへのPR，巻き込み）にまたがるような取り組みを企図していた。

　メインテーマ「小さくてもキラリと光る自治のあり方を探る」とサブテーマ二つ「廃校舎の利活用方策について」「観光客誘致方策について」は，大学側で設定したものではない。受け入れ側（南山城村役場）から時宜を得たものを挙げていただいたのである。そして，PBL参加学生は，私のゼミ生が中心となったものの，広く学内に募り，1名の学生がゼミ外から参加してくれた。各チームのリーダー・サブリーダーには，2008年度（前年度），2009年度（当該年度）に村のインターンシップに派遣された4名を，それぞれ割り当てることにした。

　また，南山城村側の支援者が前述の田中さん以外に広がってくれたことも大きかった。このときに田中さんと同じ総務課に所属していた森本健次さん（2017年度現在・株式会社南山城代表取締役社長）が，テーマ説明者として深いサポートをしてくれ，以降も，同村におけるPBLの支援者として欠かせない存在となってくれている。森本さんは村出身で，生え抜き職員として「土」の存在，筆者や田中さん，PBL参加学生は外からの視点を持ち込む「風」（ヨソモノ）の存在といったかたちで，バランスのとれた枠組みを最初から組めたのであった。

　参加学生たちは，初日，森本さんのレクチャーを受け，各課題の現地調査を経て，課題関係者へのヒアリングを進めていった。森本さんたち役場側が準備するのではなく，各チームメンバーは，課題に関係する村内の人々から徹底的に話を聴き，まとめるという作業を繰り返していった。最終日には，村内の田山地区というところの廃校舎を舞台に，それまで関わった人たちを招いたプレゼンテーションを行ったが，解決提案に焦点をあてたというよりは，むしろ，二つのテーマに関する問題の

図3-2　取り組みが掲載された新聞
（出所：2009年9月18日付『読売新聞』，2009年9月19日付「京都新聞」）

構造化を示した形となった。第1フェーズから第2フェーズをまたぐ取り組みであったが，そこに焦点をあてたまとめとしては一定の成果を収めたといえる。参加学生および課題関係者における気づき[5]を，次ページの表3-1に示す。

①の質疑応答内容からは，現場における当事者とのダイアローグ（対話）[6]の重要性に気づいたことが読み取れる。また，たった3日間であったとはいえ，チームという組織で，課題解決に取り組んだことから，組織学習の萌芽のようなものも看取できている。すなわち，お互いの違いの尊重であったり，新しいアイデアに対する寛容さといった具合にである。

②の回答からは，実際の地域課題解決へ向けて協働的に取り組もうという意向がうかがわれ，第3フェーズ（実際の解決行動）につながっていく期待がみられる。

③の気づきからは，地域社会への一定のインパクトがあったことがうかがえる。学生の役割が外からの「風」を吹かせることにあったとするなら，第2フェーズの意義は大きく，地域住民側においても，第3フェーズにおける協働を期待した回答となっていた。

■ 2-3　南山城村民泊フィールドワーク

先述のような取り組みを経て，夏期インターンシップはその後も継続したが，「「気づき」で済まない・終わらない，地域の問題・現状に接してもらいたい」という地域側からの課題提起を受けて，2010年度には，新しいメンバーにも加わっていただいて，次段階のPBLを行うこととなった。幸いにも第2章で述べた菅原東校区における「ひと・まち・であう」プロジェクトが立ち上がっており，そのメンバーを中心に，南山城村も継続的な対象地域としていくことが選定されたのである。

2010年度のPBLでは，「かざられた」言葉ではない日常生活の中から問題に気づ

---

[5] 田中優「学部レベルにおける「政策（学）教育」の取り組み―「南山城村まちづくり・政策フィールドワーク」を事例として」（第3回日本公共政策学会関西支部研究大会，「セッションA 政策教育の実践と課題」，2010年8月7日，於京都府立大学合同講義室棟2F）の発表内容より抜粋している。

[6] まちづくり（課題解決）において必要なことは，相手を打ち負かす「ディベート」的能力ではなく，意見の相対化を図って，新たな解決策の合意形成を導く「ダイアローグ」的な能力であり，多様なステークホルダーの意見表出に多くを学び気づいていくことが欠かせないプロセスといえるのである（2007年12月27日付『朝日新聞』における名古屋大学近藤孝弘氏の寄稿文および2010年6月17日付『朝日新聞』における哲学者の鷲田清一氏のコメントを参照のこと）。

表3-1 参加学生および課題関係者における気づき

①「当該プログラムを終え，どういった能力や意識が培われたと思うか」（筆者質問）
仲間と一つのものを作り上げる，考えたりする能力，相手の意見を受け入れ昇華させていく能力／政策立案にあたっては，自治の現場で活動している人や，主体者の気持ちを知ることが大切という意識を持つことができた／村人の生の声を聴くことができて，最初に描いていた解決ビジョンとその後のものとでは，全く正反対になっていたので，改めて「動く」ことの重要性を認識できた／自分の意見を主張することも大切だが，他人の意見も採り入れて政策作りをやっていく必要性について学んだ／地方の地域力を過小評価していた自分に対してよい啓発になった／チームや団体で動くとき，人の意見を尊重して聴くという姿勢，相手の考えを引き出す能力／印象で決めつけるのではなく，実際に現場に行ってみないとモノゴトはわからないということが認識できた
②「フィールドワーク先（課題関係者）等との今後へ向けた協働の可能性について」（筆者質問）
自分自身が成長して，力になれる部分があるのなら，やってみたいと考えている（2名）／積極的に参加したいと思う／一人では心細いが，ゼミのメンバーとならやってみたい（2名）／是非やっていきたいと思う。今回の課題を追求していきたい／自分としては関わっていきたいと思う。自分の地元の活性化にも当てはめられると思うので
③課題関係者の意見（最終日の政策案プレゼンテーション時のふりかえりシート内容より筆者まとめ）
（フィールドワークにおける学生とのセッションを経て）ここ数日でいろいろ考え，見直す契機になった。問題点も含め，一歩前進したのは確かで，感謝している／私どものNPO，村人，行政の方々，それぞれ対立はなくとも，（まちづくりの興味関心についての）方向が全く同じではなく，接する必要性もそれほど切迫して感じてはいない。それらの人々との交流は大切だが，その間を取りもって，潤滑油的な動きをしてもらえる人が是非必要ということを改めて感じた／住民・団体・行政を結ぶ第三者という民間のインストラクターアドバイザーといった職業があるのかわからないのだが，今後，仕事として学生からかかわり，仕事に結びつけられても良いかなと思った／今回，学生さんと話し，縁があったと考えている。たぶん，皆さんは，まだ何も村のことをみていないと思うので，数日ではなく長い関係を築いてもらいたい。「気づき」で済まない・終わらない，地域の問題・現状に接してもらいたい／学生のみなさんが聴取した地域課題に関する住民の意見は，われわれ（NPO団体）も知らないものであったので，とても参考になった

き，活性化へのアイデアなどを掘り起こすために，8月下旬の3日間，2-4回生を中心とした「ひと・まち・であう」プロジェクトメンバー8名が4グループ（2人編成）に分かれ，それぞれ村内4地区のご家庭で「民泊」を体験することになった。

　学生たちは，村民宅で日常の生活を体験，業務のお手伝い（茶葉・ブルーベリー・米の生産）などをし，寝食をともにする中で，村の現状・課題やまちづくりにかける住民の方々の思いなどをうかがい，それらをもとに村の活性化の提案・実践方策を立案していったのである。

　この取り組みを終えて，2009年度のPBLにも関わった学生の気づきをまとめておくと次のようなものであった（民泊フィールドワークのふりかえり内容より）。

03 京都府南山城村における実践考察　*45*

図 3-3　取り組みが掲載された新聞（出所：2010 年 8 月 29 日付『京都新聞』）

> 　2009 年度の「まちづくり政策フィールドワーク」では，テーマに関する現状と今後の課題等の整理は行えたが，住民目線の方策，まちづくりへの提言は不十分なものであった。それに比して，今回の「民泊フィールドワーク」では，学生がペアとなり村内 4 地域で民泊（高尾・童仙房・田山・野殿）をさせていただき，実際の「村人の生活を体験」をすることができた。そのことで，各地域に寄り添ったフィールドワークを行え，それぞれの地域特性を理解し，4 地域の現状や課題も整理できたと思われる。（関口翔平さん・当時法政経学部 4 回生）

　この気づきにも出てきた地域の現状や課題について，最終日に，南山城村の手仲圓谷村長をはじめとする幹部職員などに，次のような論点の整理を行い報告した。

- 村としてヨソモノ（学生）を受け入れにくい土壌があったのではないか。しかし，昨年度今年度と，きちんとお話をすることで，少しずつ学生との信頼関係ができ活動が広がりつつある。学生がもっと積極的に動いていかなければならない。
- 外部からみて，村のまちづくりについては，「真剣に考えアクションを起こす人」と「保守的な思考の人」の双方がおり，学生が両者の考えを取り持っていく必要性がある。
- 役場職員の姿勢についても，住民との対話を行えるきっかけがなかなかない。職員も日々の仕事に追われ，「まちづくり」へのアクションを起こす人は一

> 部で，起こせない人・起こさない人が大半となっている。ここでも学生の役割の必要性がある。

　これらの論点の整理に基づき，村内にある廃校舎を活用した「南山城村交流センター構想」を，この時点で立案した。村内各地域で頑張っているそれぞれの人的資源をつなぎ，学生が仲介していくように，また，学生が入ることでこれまで関わっていなかった人たちにも影響を与えられるように交流拠点を設けることを提言したのである。

■ 2-4　南山城村地域活性化研修会

　第2フェーズが「気づいた問題を他の人に説明していく」あるいは「地域課題の当事者に近づいていく」ことを目的にしたものであるなら，2010年11月に企画された南山城村地域活性化研修会は，このPBLにとっても，参加学生たちにとっても非常によい機会になったといえる。

　これまでになかった動きとして大学生たちが村に入り始め，さまざまな動きが起きつつあったわけだが，まだ村民主体の地域活性化の動きにはつながっていなかった。そういった状況をみて，村役場の森本さんたちが中心となり標題のイベントが企画されたのである。

　村民主体の地域活性化を展開していくために，導入の火付け役としては，当時の農林水産省大臣官房政策課企画官で地域活性化伝道師を務めていた木村俊昭さん（元小樽市職員・2017年度現在，東京農業大学教授）が招かれ，シンポジウムのパネリストに，前記の関口さんも選ばれるという僥倖を得たのである。

　もちろん，こういった大舞台で，京都府知事や南山城村長と席を並べ，村の活性化について意見を交わし合う経験は，これ以上ない実践教育であったし，また，当日は300名を超える村民に向け（村人口が約3,000人であったから10人に一人は来場していたことになる），学生たちが考えている「南山城村交流センター構想」などの提案をPRできたということが，以後の展開につながったとも考えられる。

第3節　第3フェーズ（解決へ向けた行動：協働）へ向けて

■ 3-1　南山城村第4次総合計画にかかるアンケート調査作業

　2008年のインターンシップに始まる村との取り組みは，3年を経て，一定の信頼

関係を構築することに成功していた。ここで，いよいよ村役場との協働（第3フェーズ）が開始されることになる。2011年度になって，村役場が総合計画の改定時期を迎える中，その基礎データとなる村民アンケート調査を，内容作成から集計作業まで，PBL参加学生に任せてくれることになったのである。

具体的には，村民全員に配布するアンケートの内容を担当職員と協議しながら作成していく中で，参加学生たちは，設問内容に不備はないか，一言一句チェックし，わからない部分があれば積極的に質問を重ね，いろいろな視点から，ヨソモノ・ワカモノの視点でも課題がみつけられるように検討を繰り返していった。

本来，自治体ではこういった作業はコンサルタント業者に任せることが多い。担当職員にとっても，かえって骨の折れる手順ではなかったかと思われるし，参加学生たちにとっては相当ハードルの高い課題であっただろう。ただ，一人の学生がふりかえりの感想の中で，「南山城村のみなさんが，今回のアンケートを通じて，村の将来を考えるきっかけになればという思いから，授業時間外でも積極的に活動・検討していったのだと思う。結果的には，こういった実務的な体験を経て，「むらづくり」の本質を学べた」と述べたことの中に，このPBLの効果の大きさをみてとれるだろう。

この総合計画改定へ向けた村民意見の聴取自体は，第3フェーズの協働だったとたしかにいえるが，2011年度の当該プログラムから参加した学生にとっては，改めて，村全体を考えるための「問題の気づき作業」（第1フェーズ）であっただろう。また，「地域問題の当事者に近づいていく」（第2フェーズ）過程でもあったと思われる。

アンケートの策定は約2か月間で行われ，2011年の初夏ごろに村内に住む16歳以上の男女に対して，約2,800件ほど発送された。回収率自体は30%程度であったが，秋以降に学生たちがさまざまに集計・分析していくなかで，新たに気づいたテーマも多くうかがわれていた。

たとえば，人口政策への取り組みに関しては，「人口が増加するように取り組むべき」とする回答が53%，「現状程度の人口を維持していくべき」も25%もあったのだが，改めて，村民自体はこのまま消滅することを望んでいないということに参加学生たちは気づくことになった。また，「一人暮らし等の高齢者の生活支援体制」というテーマについては，「高齢者がいつでも集まれる場所づくり」を望んでいる人が多いということを，「団塊世代等の田舎暮らし推進事業」に関しては，「空き家などを行政・民間の協働でリニューアルして投資すべき」や「休耕田を田舎暮らし希望者に格安で提供すべき」という意見があることも認識したのであった。

こういった気づきは，学生たちを，次の展開へ導くことになったのである。すな

わち，村内でも人口減少が激しく高齢化率の高い，かつ，空き家や休耕田も多く見られている地域に入り込んで，課題解決作業の一助になれないかと模索し始めたのであった。

なお，村職員にアンケート分析結果のフィードバックを行うため，学生自身が講師役を務め，2011年12月に講演会が開かれたことも付け足しておきたい。参加した職員と「村民と行政とで協働のむらづくりを展開していかなければならない」ことや「村のソフト面の素晴らしさをどのように活かしていくのか」ということなどが今後の課題として共有された。先述した関口さんのシンポジウム登壇と同じく，この取り組みも，PBL参加学生にとって大きな経験となるとともに，自分たちがやってきたことについて外部評価を得るための貴重な機会となった。

■ 3-2 高尾地区ワークショップ

上記の総合計画分析メンバーを中心に，自らのアンケートを通して気づいた村民の声や得られたデータについて，村内のモデル地区を定め，実際のフィールドワークや質的なヒアリング調査によって確認をし，その後の解決的な協働へ結びつけたいと企画したものが，2011年度の9月に行われた「高尾地区のワークショップ」であった。この取り組みは，今から振り返れば，それまで局地的に行われていたPBLをいったん集約整理し，それぞれを結びつけ，第3フェーズのPBL（協働）へとつないでいく役割を果たしていた（分岐点となった）と考えられる。

このワークショッププログラムの内容は，筆者を中心に，卒業生（PBL）OBである小竹森さん，村役場の森本さんや，この後も高尾地域の中心的存在として学生の指導を行ってくれた地域住民の福仲稔さん（2010年の民泊フィールドワークにおけるPBLに参加した学生を受け入れた農家）などの意見も踏まえて当時の中心メンバーの思いを形にする方向で具体化していった。また別の自治体職員グループも，筆者およびプロジェクト学生のネットワークから参画・協働してくれたことは特筆すべきことであったが，ともかく，多様なアクターによって作られたプログラムは表3-2のようなものであった。

このプログラム内容からわかるように，参加学生にとっては改めて，第1フェーズ，第2フェーズを高尾地区とつなげていくことになっていた。南山城村高尾地区をPBLの舞台として，そこにしかない資源や問題に気づき，参加学生・大学と高尾地域間の信頼関係の構築が目指されたのである。そして，さまざまな地域資源へのアプローチやそれらを把握し，目的の共有および課題の確認などを行うことで，第

表 3-2 高尾地区ワークショップ プログラムの流れ

ねらい	日 時		内 容
関係を築く	17（土）	10:30〜	＊集合，オリエンテーション
			＊自己紹介，アイスブレイク，チームビルディングのワーク
		12:00〜	昼食
高尾地区の魅力を知る		13:00〜	＊レクチャー ●高尾地区の基礎情報（同地区の地域活性化部会メンバー）[15分程度] ●フィールドワークの進め方（田中先生）[15分程度]
		13:30〜	＊フィールドワークその1 ●グループは，地域活性化部会メンバーの小字ごとに1班。そこに大学生，自治体職員が入り，各班5人程度で計5班。 ●各班に分かれて，小字単位で踏査。途中で出会った住民にインタビュー等も行い，「驚いたこと，気づいたこと」等をメモ，撮影。 ●地域食材調査 ＊フィールドワークその1のまとめ（①） ●付箋に「驚いたこと，気づいたこと」を書き出し，グルーピング ●さらに掘り下げて調べたい項目を抽出
		18:00〜	夕食・交流会
	18（日）	7:00〜	＊朝のつどい・朝食 ＊「フィールドワークその1のまとめ」の共有 ●①の検討過程を書いた模造紙を貼り出し，他班の内容を見て回る
		AM	＊フィールドワークその2 ●①で抽出した項目について，追加で現地調査・インタビュー
			昼食（班ごとに）
		〜14:45	＊フィールドワークのまとめ（発表資料作成） ●フィールドワークその1，その2の調査結果を模造紙にまとめる
		15:00〜	＊発表「高尾地区の魅力」 ●各班10分程度（発表5分＋質疑5分）×5班
将来像を語り共有する		16:00〜	＊「高尾地区のこれから」を話し合う （1）ワールドカフェ（30分×3セッション） ●第1・3セッションは，地域活性化部会メンバーのみで一つの島を構成。 ●問い「あなたが住みたい10年後の高尾地区は，どんなところですか」 （2）ふりかえり ●島ごとにワールドカフェで出たキーワードをA3用紙に記入 ●それを披露しながら，壁に貼り出す
		18:00〜	夕食・交流会

表3-2 高尾地区ワークショップ プログラムの流れ（続き）

ねらい	日時		内容
具体策を考える	19（月）	7:00〜	＊朝のつどい・朝食 ＊グループワーク「将来像の実現に向けた具体策を考える」 ●グループは、①地域活性化部会、②自治体職員、③大学生（2班） ※アイデアの均質化を防ぐため、属性ごとに班分け
			昼食
		13:30〜	＊プレゼンテーション「高尾地区のこれから」 ●各班15分程度（発表10分＋質疑5分）×4班 ●地区住民にも、ゆるやかに参加を呼びかける
		14:30〜 15:00	＊ふりかえり ●プレゼン内容に対して、地域活性化部会からフィードバック ●気づき、学びのふりかえり

3フェーズ（協働）への糸口を探るという意味合いももっていたのである。

　また、実際の高尾地区ワークショップの開催にあたっては、地区内100戸ほどの全世帯に、学生が作成したチラシを配布した。学生たちは一軒一軒訪問してチラシを手渡し、ワークショップが話し合いの場であり、外部者（ヨソモノ）だけが参加するのでは成り立たないという趣旨の説明を行っていった。ワークショップへの当事者の参加は、南山城村役場の若手職員が1名のみであったが、最終日のプレゼンテーションについては、10名ほどの地区住民が来て、学生たちの提案に聞き入り、また、意見も述べてくれていた。ここでの出会いが次のステップにつながっていったのだが、そのことは後述したい[7]。

　ところで、ワークショップ自体の展開については、2011年の9月17日から19日までの2泊3日、高尾地区内に宿泊しながら、地区公民館をワークショップ会場として行われた。初日・2日目は筆者によるコーディネートのもと、プロジェクト参加学生、兵庫県若手職員、南山城村役場若手職員の合計20名ほどが四つのグループに分かれて、フィールドワークを中心に、高尾地区の魅力・資源の発掘作業に

---

7) そもそも、いきなりこのワークショップから高尾地区との関係は始まったわけではない。学生たちの種まき活動は少し前からなされており、村役場の森本さん経由でまずは福仲さんを紹介され、2010年9月に前記の「民泊フィールドワーク」を行い、さらに、2011年の5月ごろに茶摘みの手伝いも行っていた。そして、8月には地域の盆踊りや地蔵盆の担い手としても活躍しており、高尾地区内での顔つなぎをしていたことも有意義なことであったと考えられる。

図 3-4 取り組みが掲載された新聞
（出所：2011 年 9 月 24 日付『京都新聞』）

図 3-5 「南山城ブログ」と
「高尾プロジェクト新聞」
（出所：PBL 参加学生のパワーポイント資料より抜粋）

取り組んだ（ここでは吉本哲郎の「地元学」アプローチを採用した[8]）。そして，2日目午後には，フィールドワークで得られた地区住民の意見なども踏まえて，各グループが，お互いの成果・意見を交換し合い，「高尾地区の魅力をどう活かすべきか」「そもそも活性化とは何か」などについて話し合った。最終日には，10 年後を見据えた高尾の地域づくりについて，アクションプランをプレゼンテーションしたが，地区住民の方からも活発な質問が出る内容になり，学生提案の中でも一番の好評を得た，「高尾新聞を発行し，地域内外に高尾の魅力を伝えていく」ことから手掛けていくことになったのであった[9]。

この高尾ワークショップを通じて，参加者が学んだことは，「地域活性化とは何か」を考えていくなかで，改めて活性化の目的は地域によって異なり，実際にフ

---

[8] 吉本（2008）を参照のこと。結局，地域のあるもの探しについて，PBL 参加学生などヨソモノと地域住民が一緒になって取り組むことを目指したのである。

[9] この取り組みについては現在も発展的に継続中であるが，当初の新聞内容などについては，アーカイブとして使用している「南山城村ブログ」〈http://takaonews.blog.fc2.com/（最終確認日：2018 年 11 月 9 日）〉を参照のこと。なお，外部への情報発信については，毎年 PBL 参加学生をして，腐心しているところであり，2017 年現在では，南山城村役場を経由しての全戸配布の紙新聞（2 か月に一度発行）とツイッター〈https://mobile.twitter.com/hitomachi_oiu（最終確認日：2018 年 11 月 9 日）〉やフェイスブック〈https://ja-jp.facebook.com/hitomatitukuru（最終確認日：2018 年 11 月 9 日）〉によって取り組まれてい

ィールドワークを行い，行動に移さなければ理解できないということであり，事実，この2011年夏以降，第3フェーズの協働へ向けて，南山城村（高尾）のPBLは大きく展開していくことになったのである[10]。

第4節　第3フェーズ（地域活性化へ向けた協働の取り組み）

　南山城村プロジェクトの参加学生たちは，前述の高尾地区ワークショップまでのフェーズ（取り組み）を終えて，改めて村全体の課題，そして，それらは，高尾地区のような人口減少地域（総世帯数が100戸ほど）においてとくに顕出されているということに気づき始めた。

　すなわち，茶摘みなどの地区住民総出の作業についても，もはや自分たち学生が一つの戦力としてされてしまっているという事実から，人口が顕著に減少してきており，成年層と，子どもたちがいなくなってきていることを認識したのであった。

　そして次に，学生たちは，なぜ成年層が減少しているのかという問いを立てて考えるなかで，これまで村の主産業であった「茶葉の生産」が，茶価が下がり始めたことによって，生活を支える「生業（なりわい）」ではなくなったことと，その結果，後継者層が，都市部へと別の仕事を求めて流出し始めていることを確認したのだ。

　結局のところ，経済的な基盤が地域において確保しづらくなってきた中で，成年層と子どもたちが流出し，高齢者が残っていくという構図は，京都・大阪圏に1時間から1時間半以内という比較的交通利便性が高いこの地域においても成立しているが，問題はそれだけにとどまらない。

　学生たちは，人口減少と高齢化が引き起こす関連問題として，「空き家の増加」や「耕作放棄地の出現」を目の当たりにした。また，子どもが地域からいなくなるということは，小学校が統廃合されることを意味し，地区内には，改築されて20年前後の校舎だけが残され，朽ちていくのをただ見ているしかなかったのである。そして，子どもを中心とする盆踊りや地蔵盆，前章の枚方市菅原東校区ではあったような校区運動会などのような，そこに関わり参加することで，地域住民相互の紐帯を紡いでいた機能が失われ，ただ鳥や虫の声しか聞こえなくなっていることにも気

---

10) 地域の課題発見・解決のためのワークショップなどを皮切りに，その後の具体的な協働へ繋がっていった事例としては，「尾鷲市元気プロジェクト」〈http://isagai.sfc.keio.ac.jp/owase/〉（最終確認日：2017年11月5日）〉なども参考にされたい。

づいたのである。

■ 4-1 課題の設定

　学生たちがプロジェクトとして村と関わり始めた2008年度の「役場インターンシップ」から4年が過ぎる頃には，学生たちも南山城村が大切なフィールドであることを実感していた。ちょうど近い将来消滅する可能性がある「消滅可能性都市」という言説が声高にいわれていた時期である。そういった言説も意識しながら「持続可能性」[11]（サスティナビリティ）というキーワードを念頭において，「人々が生き生きと暮らせる——これこそが活性である——ように，統合的で包括的な観点から持続可能な地域社会を実現する政策をデザインする」[12]ことを彼らなりに模索し始めたのである。PBLに参加した学生たちにとって南山城村は思い入れのある地域となっており，高尾地区に一つの拠点を定める中，地域協働によって解決しなければならない課題は自然と「地域活性化」ということになっていった。

　「地域活性化」といえば，経済的基盤の回復を目指すための経済的な活性化を思い浮かべる場合が多いが，もちろん，それだけが重要なわけではない。「自治」を再構築していく社会的な活性化も経済的な活性化と同様に大切な課題[13]であろう。学生たちは，筆者を含めさまざまな人々との意見交換を踏まえ，地域活性化に上記の二つの活性化があると区別して考えた。そのため，いわゆる「住民」ではないもの——「ヨソモノ」「ワカモノ」など——が協働して課題解決を行っていくような「（ローカル）ガバナンス」も模索し始めたのである[14]。

　学生たちは，第1・第2フェーズにおけるさまざまな気づきを経て，もはや，内部資源（人材）による「持続可能性」への挑戦や「地域活性化」の達成が困難であることに自覚的であった。そのため，いわゆる「コミュニティ」ベースの発想を避

---

11) 増田ら（2014）のいう「消滅可能性都市」への対抗言説として着目していきたい。
12) 林（2014：5）を参照のこと。なお，EUの各自治体においても，「維持可能な都市」は目指されてきている（白石，2008）。
13) この点につき，小川（2013）は明快な説明をしてくれているし，広井（2011）における「地域再生・活性化に関するアンケート調査」で明らかにされたように，「今後の地域社会の目標あるいは行政運営に関する指標となるもののうち，特に重要と考えられるもの」という設問に対しては，「住民の主観的満足度の上昇」に次いで，「地域における人々のつながりや交流等に関する指標」が多く回答されていたことも参考になろう。地域活性化の重要な要素としては，コミュニティの質も関わってくるということなのである。

け,「アソシエーション」という考え方をベースに,南山城村(高尾地区)に関心をもって集う者たちとして,共に協力して考え,企画し,動き,省察し,改善していくという方向に動き出したのである[15]。もちろん,活動の主体が誰なのかという問題について悩むことになったのだが,それについては後述する。

■ 4-2 学生チャレンジ制度の活用による活性化の取り組み

先述のように,「地域活性化」を課題として掲げたPBLメンバーは,それを達成するために自分たちが関わっているもう一つの地域である「枚方市菅原東校区」との連携を模索し始めた。まずは,都市住民としての菅原東校区民が,南山城村高尾地区に興味をもってもらい,学生たち以外のヨソモノとして入ってくれるようになれば,少しずつ道は開けてくるかもしれない。そういった戦略で,PBLメンバーは,参加交流型のイベントを企画し始めたのであった。

その前に,イベントを開催するにあたっては,予算が必要であったが,筆者のアドバイスもあって,「ひと・まち・であう/つくる」プロジェクト本体に認めてもらっていた「戦略的予算」(第2章参照のこと)は使わず,きちんと自分たちの課題設定や企画意図,手法,効果などをプレゼンテーションして,評価を受けた上で,南山城村のPBLとして予算をつけてもらう方向で進めた。

幸いにも,大阪国際大学には「学生チャレンジ制度」というプロジェクト提案に

---

14) ガバナンス概念については,前出のローカル・ガバナンス(第2章注1)においてもふれておいたが,木暮(2011:169)による先進国の国内レベルのそれについて,改めて記しておくと,①国家のような伝統的な政治主体による階層的な統治ではなく,②私的なアクターが政策形成から執行に至るまで幅広い政治的なプロセスに関与し,③こうしたアクターは他者からの支配を受けない自律的な存在であり,④アクター間の関係は水平的なネットワークであるという点で特徴づけられる,ということになっている。
15) コミュニティとアソシエーションの定義については,マッキーヴァー(1975)を参照されたいが,岩崎(1989)の「住縁アソシエーション」という定義も,菅原東校区・南山城村の両PBLへの示唆を与えてくれた。「住む」ことを「縁」に,よりよく住み合おうという目的意識をもった「アソシエーション」として各種地域団体などを捉え直し,作り直していくという岩崎のアイデアを翻案することで,筆者からは,同じ「地域」に「集う」メンバーとして,あるいは,同じ「地域」で「共に過ごす」一員としての「共縁アソシエーション」「集縁アソシエーション」という考えを提起したい。この点については,坂本(2015)も,同じ文脈で「連帯人口」(地域を支えていく一員としての意識をもちながら地域に関わっていく人々)という指摘を行っている。

対する予算制度が存在していたため，これを活用させてもらうことになった。もちろん，当該制度の利用にあたっては，一次選考として書類審査が，学内の教職員構成による審査委員会によってなされ，その後，公開のプレゼンテーション審査を経て採否が決まるものであり，例年，20プロジェクトほどエントリーがある中，最終的には5件前後しか認められないという，それなりにきびしい内容のものであった（予算については年間最大50万円まで認められることになっていたが，審査結果によっては，それが削られることもしばしばあった）。

ただ，後述するが，プロジェクト（PBL）自体の評価を受ける機会は，自分たちや関係者によるふりかえり，教員の指導・アドバイス以外にも，第三者からのものも多く取り入れるべきというのが筆者の考えである。プロジェクト（PBL）自体が独善的なものにならないためにも，こういったオープンエントリーの予算審査を経ることは，参加学生たちにとっても重要であろう。

さて，2012年度の学生チャレンジ制度に採択されたプロジェクトメンバーらが最初に企画したものが，南山城村高尾地区における廃校となった旧高尾小学校を活用した村祭りであった（2012年9月1日開催）。ねらいとしては，枚方市菅原東校区の親子世帯を招き，南山城村高尾地区のすばらしさを体感してもらい，以降も継続的な関わりをもってもらえるようなきっかけを作っていくというものであった。さらに，数少なくなった高尾地区の子どもたちとも，さまざまなアクティビティを通じて交流を図ってもらいたいという思いもあった。

南山城村PBLのメンバーは，2011年までと同じく，5月の新茶摘みから高尾地区の人たちと関わり出し，夏には，盆踊りや地蔵盆の手伝いも，地区の中心メンバーたる福仲さんのお宅に泊まらせてもらいながら行っていた。人間関係を構築しながら臨んだ初めての学生企画のお祭りに対して，高尾地区の住民も，「この学生たちとなら何かやれる」という期待を抱いてくれたのではないか。学生たちにしても，最終的には，高尾地区の廃校舎を使って，いろんな学生たちが出入りし，活性化に勤しむような最終ゴールを描いていたとは思うが，まずは，自分たちから，継続的に，高尾地区の活性化について話し合いをもとうということになっていったのである。そういった両者の方向性があいまって，まちづくり会議としての「高尾会議」設立へとつながっていくことになったのであった。

■ 4-3 「高尾会議」の開催

南山城村（高尾地区）でも，第1，第2フェーズを経て，地域住民とPBL参加学

生が相互の資源を貸し借りしながら，各々の役割分担の中で考え，動いていくフェーズ（協働）へと移行しつつあった。前述の通り，2010 年以降は，村民との信頼関係を構築するために，南山城村内のさまざまなイベントなどに毎年参加することで，当初は村民の声も，「君たちどこの子や」「どこから来ているの」というものから，時を経て，「大阪国際大学の学生さんやな」「いつもありがとう」という挨拶に変化していた。そこにいて当たり前の「ヨソモノ」としての地位を確立していく中で，課題設定にもあった通り，「自治の活性化」へ向けては，「主体（村民・地域住民）」と「客体（自分たち学生などのヨソモノ）」が逆転してしまってはいけないというジレンマも抱えつつあった。

したがって，協働のフェーズを高尾地区で展開していく中では，この主体と客体が相乗りして話し合うようなメタ組織が必要であろうと，当時の筆者は考えていたのであるが[16]，「ある人物」がうまく仲介してくれることで，2012 年 10 月から，毎月 1 回，南山城村高尾地区住民と PBL 参加の学生による村の活性化に向けて話し合っていく場[17]が，廃校となった旧高尾小学校の利活用とあわせて，催されることになったのである[18]。

一般的に PBL の推進は，受け入れ（地域）側に理解者と推進（支援）者がいないと始まらない。前記事例の菅原東校区における宮原さんのように，高尾地区では，もともとの住民である福仲さんがもちろんそれに該当していたわけだが，コミュニティの凝集性が都会と違って強いとされる郡部にあっては，都市部のように，一対一（学生と地域住民）関係では進んでいかないことも多々存在していた。そういう些細

---

16) 山田（1996）によると，各人が自己および他者を同一の社会カテゴリーのメンバーとして知覚することは，統合によって思いの他大きな力を秘めており，つまり，メタ組織〈当該事例での「高尾会議」〉への参加者たちの間に仲間意識・帰属意識を浸透させ，システムの全体性や統一性を高めることは，協働のデザイナーにとって最重要課題の一つである，ということが指摘されている。
17) 北郷（2015）も，地域社会の公共圏創出のために重要なこととして，地域生活者レベルの日常的な議論やより身近な生活課題について話し合うということを取り上げており，参考になる。
18) ちなみに，開催に関して，とくにルールは決めておらず自由参加となっていた。気軽に誰でも参加できることを前提としており，専門的な言葉を使わないことも含めて，村民が集いやすい環境で行われてきている。呼びかけの手法としては口コミベースであり，PBL 学生が活動した内容および同会議の模様を記載した前述の「南山城村（高尾）新聞」によっても，告知が図られている。

な歪みや溝のメンテナンスをしながら，上手に学生と地域住民の橋渡しをしてくれている方が，高尾地区にいることも，われわれのPBLにとってはありがたかった。

　近年は，田舎の魅力に惹かれて，都市部からIターンすることで，とくに退職後などに移住してくる人も散見されてきている。南山城村高尾地区における手島光司・美智子さんご夫妻もまさしくそういった方で，光司さんは，大学教員退職後，終の棲家として，京都市内の住居を売り払い，現在は高尾地区で晴耕雨読の日々を過ごされている。美智子さんは，京都市内在住の頃より，ギャラリーを開かれるなど芸術家支援の活動をしていたが，高尾地区に移住後は，自分たちの住まい以外にも古民家を購入し，「AIRハウス」と名づけ，若手アーティストたちの工房として提供するとともに，ご自宅もギャラリーとして改装し，都市住民の受け入れを積極的にされているという非常に精力的な方である。このお二人が，いわばもともとの住民でもなく，かといって，学生のようなヨソモノでもない存在として仲介役を図ってくれていることは，当該PBL推進にとって非常に意義深いことであった[19]。光司さんは大学教員を務められていた経験をもっており，美智子さんは若手芸術家などと日常的に接しておられる経験から，学生たちとうまく接していただけたため，学生たちにとってはまさしく地域についてアドバイスをもらえる先生であった。住民としての立場からご意見をいただけたことで，ヨソモノ・ワカモノの荒削りで，一見ぶしつけな振る舞いや言動がどれほど磨かれたかわからない。また，学生なりの突拍子もない提案にしても，うまく翻訳して会議などの場で伝えていただくなど，学生のサポートをしていただいた。こういった方と2011年の高尾地区ワークショップで出会えたことは本当に僥倖であった。もちろん，ほかでもない学生の地道な活動の中からつながっていただいたわけで，これが，筆者などの教員サイドからの

---

19) 手島さんご夫妻は，ジンメル流のヨソモノとして位置づけることができるだろう。すなわち，「今日訪れ来て明日去り行く放浪者としてではなく，むしろ今日訪れて明日もとどまる者……旅は続けないにしても来訪と退去という離別を完全には克服していない者なのであ」り，「彼がはじめからそこへ所属していないということ，彼がそこには由来せず，また由来することのできない性質をそこへもたらすということによって，本質的に規定されている」（ジンメル，1994：285）とともに，「異郷人は実践的にも理論的にもより自由な人間であり，彼は状況をより偏見なく見渡し，それをより普遍的より客観的な理想で判定し，したがって行為において習慣や忠誠や先例によって拘束されない」（ジンメル，1994：288）存在であることからも，「橋渡し人材」（リンケージ者（池田，2014：28-29））としてもっとも理想的なのである。

つながりだと，同じように進んでいたかどうかは定かではない（このような「弱い絆」の可能性については後述内容を参照のこと）。

■ 4-4　高尾会議の変化

さて，まちづくり会議としての「高尾会議」がどういった変遷を辿ってきたのかについて，その内容を振り返っておきたい。

高尾会議が始まった当初の2012年10月頃は，外部からの企業誘致，外部からの移住を望む声，他の地区をうらやましく思う気持ちや大学・学生（ヨソモノ）への期待など，他者に依存するような意見が多く，高尾地区住民が主体的に何かをしようという事態にはなかなかなっていなかった。

しかし，会議を重ねることによって，高尾会議に参加している村民と共にイベントの企画なども行うようになってきたことは大きな変化であった。その例としては，毎年1月に高尾地区で行われている「とんど焼き（正月の火祭り行事）」や，後述の，大学および菅原東校区における野菜などの販売を挙げることができる（他提案企画などについては表3-3参照のこと）。

「とんど焼き」については，高尾地区子ども会主催で行われている伝統行事であったが，そこに，枚方市菅原東小学校区の児童を引率し，都会では体験できない「とんど焼き」というものを体験してもらうとともに，自分たちで植えて収穫したもち米を使った餅つきを行おうと考え提案されたのであった[20]。このイベントを行うにあたり，数回行った会議の中では，「高尾地区には子どもが少ないので，菅原東小学校区の子どもたちと交流させたい。上手く交流できる仕組みを考えよう」など，

表3-3　高尾会議にて立案・実施された企画

企画内容	各主体の役割分担
南山城村のプロモーションビデオ作成[21]	・PV作成，YouTubeへのアップなどすべて学生が実施
学生チャレンジ制度による村祭り	・企画運営は学生，村民は準備，当日のサポート
ぶらっとホーム前の朝市・大学での優市	・企画運営は学生，村民は店舗出店，運営補助
高尾盆踊り	・企画運営は村民，学生は運営補助，プロジェクト紹介ブースの出店（「高尾会議」設立前は運営補助のみ）
菅原東農園	・開墾を村民・学生，植え付けを村民・学生・菅原東住民

村民の思いが前面に現れるようになり，村民自らが主体となり行動しようという意思が，少しではあるがみえてきたように感じられていた。他にも，(学生や手島さん主導ではなく) 村民自らが会議の開催を提案してきたり，「高尾会議」に新しいメンバーを呼び込んできたりという行動変化もみることができるようになっていた[22]。

このように，協働体としての「高尾会議」を通じて，「自治」へのインパクトは少しずつ現れてきているように思われる。とはいえ，高尾会議に毎回参加している村民は固定された数人であることは変わらない。高尾会議の参加メンバー以外の村民から，「私は若くないので」や「そういうことは，学生さんや若手に任せておく」というような意見を聞くと，まだまだ主体的に取り組もうという意思がない方がいることも確かである。PBLに参加している学生としては，主客が逆転しないように，少しずつでも高尾会議の参加者を増やし，その中からでも徐々に意識を変えていく必要があると考えているようだ。そのためには，新たな高尾会議への参加者を巻き込む仕組みというものも考えていかなければならないだろう[23]。

■ 4-5 朝市の開催

2012年秋ごろから始められた「高尾会議」は，当初の主客逆転の状況から，協働

---

20)「「地域の幸福」ということを考えるにあたっては，従来型の経済や産業中心の視点だけでは不十分で，その地域の伝統文化や行事といった，高度成長期には人々の意識の中心からはずれていったものを再発見・再評価していくといったことが重要な要素になる」(広井, 2015：16) という指摘にも通底してこよう。
21) https://www.youtube.com/watch?v=5U7HTvL1rWo (最終確認日：2018年12月11日) を参照のこと。
22) たとえば，和歌山県那智勝浦町色川地区の原和男氏 (移住第一世代として，その後の移住者らの世話役になり，今や同地区を45%の移住者で構成させるに至った実践家) の発言 (「若者が本当にその地域を好きになったら，仕事は自分で探したり，つくり出したりする。その地域にとって，まずは，地域を磨き，いかに魅力的にするかが重要だ」)(小田切, 2015：19) は非常に印象深い。高尾地区もそういった主体的な取り組み方向への変化がうかがわれてきているのかもしれない。
23) 森 (2015) が，東日本大震災における宮城県気仙沼市小泉地区の集団移転事例から考察しているように，ワークショップなどに「参加しない・できない住民に対してどのようなアウトリーチとフォローアップが必要なのかを緻密に検討し準備する」ことを，われわれも胆に銘じなければならないだろう。ただし，2017年度からの新しい動きとして，高尾地区外からの新たな村内アクター (資源) が参加し，新陳代謝が進んでいることは指摘しておかなければならない。PBL参加学生のネットワークにより，新しい可能性が生まれつつあることは付言しておきたい。

的な会議体へ変わりつつあった。社会的な活性化への糸口を掴みつつあったが，経済的な活性化や持続可能性への方途はなかなか見出せないでいた。そこで当初より住民側から出されていた「野菜の販売を行うことで，雇用が生み出せないか」という提案を漠然とはしていたもののまずは形にしていこうということで動き出した。

当時，村内には，供給する野菜を不特定多数の人々に購入してもらえる「道の駅」のような販売施設はなく，国道163号線沿いにある，役場前の物産販売所で細々と展開していただけであった（現在は，村100%出資による株式会社が「道の駅」を運営している）。しかし学生提案により，前章で紹介した枚方市菅原東校区の「ぶらっとホーム」前にて，2012年の11月ごろより冬野菜の販売を始めることにした。

2012年の暮れまで，2-3週間に一度，延べ4回，土曜日の午前中に展開された「南山城村高尾地区の朝市」であったが，結果として，2013年以降は同形態で続けられることはなかった。

すなわち，学生たちと地域住民とのふりかえりによると，以下のような「気づき」が挙げられており，2013年以降の次なる展開へとつなげられることになった。

- 販売単価の設定を一律150円としたが，近隣スーパーなどでは100円以下で売っている場合もあり，比較劣位に立たされた。
- 有機野菜というPRの方法も，毎週土曜日の決まった時間帯に展開されるわけでなく，固定客を掴めなかった。
- 毎回，委託販売方式ではなく，学生たちが南山城村高尾地区から買い取って行ったが，五千円前後の支出に加え，大学から南山城村までの往復交通費を考慮すると，利益を生む事業計画としては甘かった。

つまり開催回数こそ減らしはするものの，大学キャンパスを使って，集客規模を大きくし，一回当たりの利益を確保していこうという戦略にシフトしたのである。

■ 4-6 「優市」から「けやき市」へ

「ぶらっとホーム」前における小規模な朝市展開の失敗を受けて，大規模な展開を構想した学生と高尾地区住民（「高尾会議」メンバー）は，2013年2月に，大学のキャンパス内において，ミニ学園祭のような「優市（やさいち）」を行うことにした。このネーミングには，会議のなかでさまざまな意味が込められていたという。「高尾地区の野菜（やさい）をメインに販売する市（いち）にしたい」「高尾地区と菅原東校区をお互いの優しさ

でつなぎたい」などに加え，指導教員である筆者の名前も取り入れたという。こういう遊び心満載で会議が進められたということからも，双方の雰囲気のよさや信頼関係がうかがわれる。そして 2013 年 2 月 9 日の土曜日，終日にわたり，野菜販売以外の出し物も含め，200 名ほどの集客を集めるイベントを行った。このイベントが，PBL に参加した学生を中心としたネットワークで展開されたことも非常に興味深かった。

たとえば，菅原東校区の住民有志は，南山城村の野菜を使ったカレーを提供してくれた。学生たちが別のイベントを通じていつの間にか知り合いになっていた枚方市内の NPO 法人は，フリーマーケットというかたちで他住民の参画を呼びかけてくれた。そして，当の高尾地区住民も，特産品であるしいたけをタコの代わりに入れた「しいたま焼き」の出店や，南山城村紅茶の販売などでブースに立った。学生と高尾地区住民では，せいぜい 5 店舗ほどが関の山だったであろうが，こういう資源ネットワーク型で展開したおかげで，24 店舗もの立派な「市(いち)」が登場することになった。

もちろん利益ベースでは，大きな成果にはつながらなかったかもしれない。全体で 20 万円ほどの売り上げであったから，学生チャレンジ制度の補助金がなかったなら，各出店者は赤字であっただろう。この点については大きな課題として残りはしたものの，先述の朝市の失敗で自信を失いかけていた学生を含めた「高尾会議」にとって大きな一歩となったことはいうまでもない。

考察を含めていうならば，「協働」の本質を学生たちが体感してくれたということは非常に有意義であった。それはすなわち，「資源の互酬関係」であり，「ネットワークによる課題解決の有効性」ということであった。また，学生自身が媒介役となって，二つの地域（枚方市菅原東校区と南山城村高尾地区）をつなぐことが，お互いの地域を利することにもなり，ひいては活性化に向かっていくということに気づき始めた瞬間でもあったのだ[24]。

---

24) 近年，「一体的な地域の中でのさまざまなまちづくりを組み立て，その関係性をデザインし，都市・地域を統合的にデザインし運営する」「地域マネジメント」という概念の重要性が論じられているが，その成否を握っているのは，「より広い地域資源や人材，組織の持つ潜在力が顕在化し，地域としての創造性が発揮されるような，創造的都市・地域圏の形成」（佐藤，2010：16-24）であるともいわれている。その意味において，学生が架橋することで，既存の組織やボーダーを乗り越える取り組みは，これまでとは異なる「広域連携」（「クリエイティブ・リージョン」（真野，2010））へ向けた一つの萌芽とみることができるかもしれない。

図 3-6　根岸さんインタビュー記事
(出所：2013 年 2 月 24 日付『京都新聞』朝刊)

　たしかに，「市」自体は，経済的な自立へと向けた一方策ではある。ただ，今回の PBL フレームの中でいえば，学生が要となり，人と人，地域と地域とがつながるコミュニティデザインの仕組みを構築できたということ自体が，大きな成果であったと思われる。

　なお，「優市」の取り組みは，2013 年開始当時 2 回生であった学生が，3 回生になった折，別プロジェクト（筆者とは別の教員が指導）を立ち上げ，「けやき市」（筆者所属大学の枚方キャンパス内や菅原東校区には欅が多数植わっていたことから命名）としてさらに発展をしていくことになった（2015 年 10 月までの開催回数は，延べ 9 回を数え，ほぼ 2-3 ヶ月に一度開催をしており，最大 700 名の集客をみるような立派な「市」（延べ 4,000 人を超える集客）に成長したものの，現在はキャンパス閉鎖に伴い終了）。

　蛇足ながら，2012 年の「高尾会議」立ち上げを主導し，朝市の失敗から「優市」の立て直しへと，南山城村の PBL を牽引してきた根岸昂生さんという学生が，地元の京都新聞に取り上げられたことも，プロジェクト・地域双方にとって大きな副産物であったといえよう。この取り組みは彼自身だけで取り組んだことでも，成し得たことでもないが，南山城村の PBL は現在も後輩たちが継続しており，「高尾会

議」という協働のまちづくり会議などを通じ，意見交換と実践とふりかえりは今日も行われている。図3-6の新聞記事は，このPBLの一つの到達点としても，PBLに参加した学生と地域側に「心の絆」が生成しつつあるという証左としてもみることができると考えているので，ここに掲載しておく[25]。

■ 4-7　田植え

「優市」の展開を踏まえ，さまざまな資源を組み合わせることで活性化させる結びつきにつながることや，菅原東校区と南山城村（高尾地区）との連携によってまちづくりを展開していけることに気づいた学生たちは，2013年度からの高尾地区におけるもち米づくりに，菅原東校区の児童たちを参加させる企画を立てていた。

2012年から始められた田植え作業も，当初は，前述の高尾地区キーマンの手島さん（☞57頁）の提案に応え，学生のみで行われていた。これは地域活性化の一環で，耕作放棄地が目立って増えてきた高尾地区でイノシシやシカなどの獣害も増えてくることが懸念されていたため，空き農地の利活用は喫緊の課題であったことから始まった。まずは，試験的に，田んぼを一枚，無償で借り受け，もち米づくりを行うことになっていた。そこに，2012年の秋から開始された「高尾会議」での議論が加わり，ゴールとしては，興味をもったヨソモノによる遊休農地の活用が目指され，あわせて学生たちと高尾会議メンバーで新たな作物を育て販売していくことで，経済的な活性化も志向するものとなっていた。さらに，前述の通り，毎年1月に行われる「とんど焼き」に菅原東小学校の子どもたちを招くことは提案されていたため，2013年度からの「もち米づくり＝田植え→稲刈り→脱穀→餅つき（とんど焼きに併せて）」の取り組みへと，自然と移行していったのである。

2013年度は18名の子どもたちだけであったが，2014年度は，22名の菅原東校区の児童に加え，大阪国際大学に留学してきている学生12名，そして，噂をきいて駆けつけた大阪国際大学職員のご家族とその友人ご家族が8名，PBLの学生を合わせると，およそ50名ほどでの田植えとなった[26]。田んぼのオーナーの方や高尾地区住民から手植えの仕方をレクチャーしてもらい，ほとんどの子どもたちや留学生は

---

[25] この他，根岸さんや小竹森さんなどのPBLリーダー（代表）たちは，他PBLメンバーの「ロールモデル」的存在となってくれたこともまた大きいことであった。すなわち，メンバー間のふりかえりにおいて，「内省の基準」（あの人のように振る舞えばいいのだが，自分は＊＊が欠けているなど）を生み出せたことは重要なポイントであった。

初体験ながらも，徐々に息の合った田植えをマスターしていった。

学生と高尾会議メンバーとしては，こういった取り組みを通して，下記の目的を達成しようと考えていた。

> ①田植えから餅つきまでの一連の流れを体験・学習し，農作業に親しんでもらう（食農教育も兼ねている）
> ②南山城村（高尾地区）の自然観察や田舎体験などを通し，都会とは違った魅力を感じてもらい，愛着をもってもらう
> ③子どもたちの五感を養う
> ④菅原東小学校区と南山城村高尾地区の定期的な交流に結びつけていく

なお，毎年度末に実施する「てらこや友遊アンケート」においても，「これまでのてらこや友遊で楽しかったことは？」との問いに対して，「アクアボール」に次いで，約半数の児童が「南山城村での活動」を挙げてくれており，一定の教育効果が現れてきているといえよう。

■ 4-8 とんど焼きと餅つき

田植えから始まった米作りのラストを飾るのは，毎年正月明けに行われる「とんど焼き」と「餅つき」行事であった。前記の通り，2013年度からは，枚方市の菅原東小学校の子どもたちに加え，大阪国際大学の留学生も交えた交流事業として展開している。

まずは，全員で前年の5月に植えて，秋に刈り取った米で餅つきを行い，できた餅を協力しながら小さく丸めていった。その後の「とんど焼き」では，正月の門松やしめ縄で作ったやぐらを燃やすのを見守り，一年の幸せを願うとともに，みんなで作ったお餅を竹の先につけて焼き，お雑煮やぜんざいにして頂いた。こういった無病息災を願う昔からの日本の伝統に，子どもたちも，留学生らも魅力を感じてい

---

26) 2015年度までの田植え面積は0.5アール (a) ほどであったが，2016年度より，守口市社会福祉協議会とも協働し，大阪国際大学守口キャンパスにおける「OIUキッズキャンパス」（「こども食堂」的要素も加味した取り組み）の子どもたちの昼食食材として活用する方向が開かれたので，関わる人も作付面積も (5アールへ) 一気に増加・拡大したことは申し添えておきたい〈http://www.oiu.ac.jp/re-news/archives/2016/07/011630.html （最終確認日：2018年12月11日)〉。

た様子だった。

　お餅づくりの過程は，まさしく協力の総体といってよいだろうが，都会の子どもたちにしても，なかなか大勢で食事を作るという機会もないし，昔の日本社会で行われていたことの追体験を，田植えから餅づくりまでを通じて行って，いろいろと感じることも多かったようである。また，留学生たちは，日本の伝統文化に接して，都会生活では失われつつある「和食文化の原点」に気づき，そこに脈々と受け継がれている食を通じた「援け合い」や「幸せを分かち合う」という日本の精神的文化に感動していた。

　こうして，南山城村におけるPBLの一環で行われている「米作り」イベントも，都市部の子どもたちや留学生らの，いわゆるヨソモノを巻き込むことで，また違った価値を提供してくれている。日本理解や農村への愛着，異文化を学ぶという意義もあろうが，現場体験を通してだからこそ，教育的効果の増した部分も多かっただろう。また，地域住民にしても，学生との高尾会議において発案されたものが形になってみえてきており，子どもたちや留学生らによって示された価値（助け合いの心や分かち合いの精神，村民のホスピタリティの素晴らしさなど）は自分たちではなかなか気がつけないところで，今一度，自分たち自身の足元や資源をみつめ直すよい機会になったことと思われる。

　単なる地域活性化のPBLで終わらせるのではなく，学生たち以外のヨソモノも巻き込んでいけば，新たな視点に気づくことができるし，また，その新たなアクターにとっても，現場を通じた体験学習によって，本人たちが自覚しないままに多くの学びが得られてくるように，PBLを入れ子状態につないでいくことも，一つの工夫となるだろう。

　では，以下に，留学生の異文化理解に改めて焦点をあて，取り組みの紹介を行っておきたい。

■ 4-9　留学生による異文化交流

　ヨソモノが南山城村に関わっていくという点からは，PBLに参加している学生たちは自分たちだけでなく，大阪国際大学に留学している外国人学生も積極的に村に案内し，いろいろなものを体験してもらい，村の魅力を再発見してもらっている。上記の田植えなどもそうだが，5月の新茶摘みについても，2014年度からともに関わり，日本文化の学習を進めている。

　こういったヨソモノによる気づきは，PBLに参加している学生でさえも発見でき

なかったことを改めて提示してくれている。2014年の2月には，日本人学生のコーディネートで村内での民泊を行ったのだが，ある留学生は，「滋味あふれる郷土料理は見た目も味も素晴らしく，和食は心まで温めてくれる料理だ」という感想を述べ，また別の留学生は，「村人は礼儀正しく，日常生活のなかに優しい心遣いがあふれていた。南山城村には，心の豊かさや人情の深さなどがあり，人が育つ環境として，とても素晴らしい」という話をしてくれていた。これらを南山城村の住民に返していくことで，地域への誇りや愛着を生み出し，持続可能な地域へとつなげていくことができるかもしれない。そして留学生側にとっても，民泊や地域活動に参加することは，一番効果的な異文化交流であり異文化理解の仕掛けだと思われる。

なお，PBLに参加している学生としては，留学生もまた村の外部者であるという意味でのヨソモノとして位置づけ，村での活動を常態化していこうと企画しており，2017年現在では，高尾地域の空き家を活用した大学・地域間の交流拠点「薫笑庵(くんしょうあん)」が設けられ，「留学生ツアー」などが取り組まれている。この点については後述したい[27]。

■ 4-10　菅原東農園へ

「菅原東農園」とは，都市部（前章における菅原東校区など）の住民と過疎化の進んだ地域（南山城村）の住民との間において作業・交流する機会を，PBLに参加している学生が仲介・創出することにより，活性化の新たな可能性を見出せるのではないかと「高尾会議」で提案されたものであった（当初作付面積約0.5アール）。具体的には，2013年秋ごろから2年ほどの間，南山城村高尾地区の休耕地を使用し，定期的に，プロジェクト学生と菅原東校区の住民が，野菜の生育状況の確認や，雑草の処理，水やりをするために畑を訪れていた（おおむね，校区住民は月1回程度，学生たちは月2-3回程度の農作業となっており，その間は，高尾会議メンバーたちがサポートしてくれていた）。その際に，菅原東校区の住民と村民がコミュニケー

---

[27] 2011年の「高尾ワークショップ」以降，半ば目的化していた空き家問題の解消が，この段階（2014年）に至って，空き家は地域課題解決のために活用できる貴重な資源の一つ（交流拠点になりうるもの）として学生らに捉え直されていたことが興味深い。果たして，学生のこういった課題設定からの提案を受けて，大阪国際大学は予算を投じ，高尾地区に「薫笑庵」というレジデンスを，古民家を改修し設置した（2015年10月）。なお，同様の問題関心によるものとしては，岩手県北上市NPO法人くちないなどの取り組みも参照されたい（平野, 2014）。

ションをとることで，新たな取り組みへとつなげることが目的だったが，この「菅原東農園」の開墾に感化された村民が，新たな耕作放棄地を借り受け，2014年2月より，新たな畑をPBLに参加している学生と協力して耕していくことになった[28]。

結局のところ，こういった協働型農園の取り組みは，耕作放棄地が使われることになり，地元としても助かっているという声を聴くに至っている[29]。そして，ここでできた作物は，菅原東校区における高齢者の集いサロンである「ぶらっとホーム」のランチ食材として，提供されたりもしている。

ただし，両農園とも，子どもたちの食農教育や取り組みメンバーのコミュニケーションなどに資することが第一義となっており，村の直売所や「道の駅」への製品出荷およびコミュニティビジネスの成立までには至っていない。この点に関しては，今回のPBLの課題・限界であり，新たなアクターの登場やアイデアの成熟がいっそう求められている。

なお，このPBLに関わっている学生や指導する筆者も含めて，農学的な知識はまったくもっておらず，手探りからのスタートであったが，高尾地域で農業を営んでいる人たちから，徐々に学びを得ている。このことは，「正統的学習理論」（☞第1章注8・注10）にかなった道筋を踏んでいるといえよう。最初に植え付けをした大根や葉菜類は，見事に鳥や虫に食いつくされて終わってしまった。無農薬で作物を作りたいという理想と現実のあまりのギャップに学生たちは徒労感に襲われていたが，この失敗があったからこそ，虫のつきにくい品種や農薬の効果的な使い方などを学ばせてもらうことにつながった。

また，「ふれあい農園」の方では，収穫しやすいサツマイモやジャガイモを植えたにもかかわらず，イノシシに食い荒らされ，鉄柵などで畑を囲う必要性について思い知らされることになった。このことは，単に作物を得られなかったということだけではなく，農村部における耕作放棄地の増加や里山の減少などが，より多くの鳥獣被害を生み出しているという問題に気づくきっかけにもなったのである。

ともあれ，南山城村のプロジェクトは，地域社会の活性化も目指すPBLである。多くの品種の作物を多量に出荷し食材として提供されるような工夫を重ね，専門的

---

28) こちらは「ふれあい農園」という名称がつけられ，作付面積が約1.5アール。2017年現在では，菅原東校区の子どもたちや留学生を交えて，さつまいもなどを育てている。
29) 農村部の場合，耕作放棄地はイノシシやシカの棲家になってしまい，多くの作物被害を生み出している。

知識や技術を農園で展開していくことも大切ではあるが，それ以上に継続的に都市部の住民などが関わり続け，耕作放棄地が徐々に解消されていくように制度設計を図り，実践していくということこそ，本来の目指すべきところである。南山城村の高尾地区で行い始めていることを一つのモデルケースとして，コミュニティデザインのための普遍化や一般化を図っていくことが，このPBLの次なる課題であろう。そして，そのためには，後述するような学会での発表機会や外部評価を受けていくということが，PBLのプロセスとして，欠かせないことになってくるのである。

第5節　第4フェーズ（「弱い絆」から「強い絆」へ）

　以上，大学生が各アクターをつなぐことで，他地域（外部人材）・村（住民）・大学（学生）が連携することによる，さらなる地域活性化・国際交流が促進され始めているのが，南山城村におけるPBLの大きな特色と考えられるであろう。そして，ここで考察されることとしては，「弱い絆」が「強い絆」に昇華していくように，ネットワークが拡大していくモデルを見出せるということである。

　当初，高尾地区には，茶農家・しいたけ農家を長く営んでいる福仲さんのような旧住民グループと新たに古民家を改修して移り住んできた手島さんのような新住民が存在していて，そこに学生と教職員がワークショップ形式の合宿で入り込み，このPBLにとっての新たな動きが出てきたことは，すでに述べた通りであった。次に，ワークショップで提示された課題解決へ向けて，学生が定期的に高尾地区に通い人間関係をつくりながら，活動を展開し始めた[30]。そして，半永久的なプラットフォームのようなものが必要だろうとして，学生グループ，旧住民，新住民の三者によって，廃校舎を利活用するかたちで「高尾会議」なるものが立ち上げられた。これが当該PBLにおける第三フェーズとみてよいだろう。

　そして，今は，学生が他の地域とのハブになって，そこの地域人材が高尾に興味をもち，共に課題解決行動を始めているような段階に入りつつある。このことは，高尾地域の住民からすれば，学生たちが（自分たちにとって）「弱い絆」をもった存在であることからも説明のつく事象といえよう。すなわち，アメリカの社会学者グラノベッターが明らかにしたこと（Granovetter, 1973）を踏まえれば，高尾地域住

30）ただし，これは旧住民リーダーの福仲さんと新住民リーダーの手島さんがキーマンになって村々の人々とつないでくれたからこそできたことであった。

民にとって，「強い絆」の人たちは人間関係が類似しているのだが，学生のようにヨソモノがもっている人間関係とは重複がないため，彼・彼女らを媒介として，自分たちがもたないつながりにもアクセスが可能になったということであった。

なお，その際には，「発信者(ネットワークハブ)」と「後援者(サポーター)」という概念（筧，2013：144-146）が重要になってくるが，南山城村（高尾地区）の事例においては，学生たちを前者としてみた場合，後者は手島さんご夫妻や福仲さん，そして村役場の森本さんらが該当すると考えられる。たとえば，菅原東住民との「菅原東農園」などをみればわかりやすいだろうが，今後はもっと，異分野他業種の人材にまでネットワークを拡げて，持続可能性への挑戦をしていく必要があるだろう[31]。

第6節　第4フェーズ（協働体系のシステム化）から新たな活動へ

■ 6-1　南山城村との包括連携協定締結へ

2013年8月，それまでのPBLの取り組みを認める形で，南山城村と大阪国際大学の間で，包括連携協定が結ばれることになった。地域と大学との関わりの歴史をみても，実際の連携内容や協働が具体化した後に，それらを正当化する形で連携協定を締結した事例は管見のところ見当たらない。

振り返ってみれば，南山城村と大阪国際大学の関わりについては，2008年のインターンシップの派遣をきっかけとし，村事業への連携・協力や，村職員がゲストスピーカーとして行う大阪国際大学での講義など，2013年の締結時まで5年にわたる連携・交流を行ってきた。とくに地域との交流については，前述の，2009年の村づくりフィールドワーク，2010年には村内4戸に民泊，地域の仕事や生活体験を経て，村行政に政策提案，2011年には高尾地区で村職員を交えたワークショップを実施するなど，それぞれ課題や解決法に関する提案・意見交換を地域などと行い，協働を重ねてきたのであった。そして，南山城村高尾地区では，地域と学生が地域活性化

---

31) 持続可能性へ向けた挑戦としては，人材供給，すなわち，PBLのプラットフォームのようなものを，高尾会議や大学，行政が中心になって作っていかないといけないのだが，大学間連携や企業との協働も欠かせない視点だろう。すなわち，オープンな参加を前提とした多様な主体の相互作用によって予定調和的ではないイノベーションを興していくことが必要なのである（國領・プラットフォームデザインラボ，2011）。たとえば，この点について挑戦した事例としては，同じ京都府でも北部地域における取り組み（滋野，2014）を参照されたい。

について話し合う場「高尾会議」を開催することで，学生が主体となった村祭りや田植え体験，大学での朝市などを通じて他地域との交流機会も創出してきた。

こういった経緯を踏まえて，調印式では，南山城村役場の手仲圓容村長が，「学生との活動を通して，村民と村の関係に変化を感じる。今後も学生の若い力，感性を発揮して，村の活性化に努めていただきたい」との所見を述べられ，当時の大阪国際大学の北川俊光学長も，「学生が現場に出て学ぶことの意義と，自然豊かな南山城村には将来性がある。村と大学が続く限り連携していきたい」と応答していた。

ただし，地域と大学との間に協定を結ぶことが目的となってはならないということは，自明であろう。無論，協定を結ぶことで，それぞれを紹介しやすくなったり，関係者を巻き込みやすくなったり，予算もつきやすくなることはあるかもしれない。「鶏か卵か」の議論になってはいけないが，PBLを先行させていくような地域連携・協定も当然あってもよいだろう。協定が存在していることは絶対条件ではない。むしろ，PBLを成功させるためには，これまでの内容から理解できる通り，「協力者を探し，獲得していく」「地域とコミュニケーションを重ねて，信頼関係を構築していく」作業を地道に重ねていくことこそ，欠かしてはならない過程なのである。

おそらく，協定をきっかけに，行政や地域からのアドバイザー要請に応じ，連携大学は多くの教職員を送り込むことになるだろうが，そこでのネットワークをPBLにつないでいく。そしてPBLのシーズを拾うような意識をもって，各教職員が貢献されるというのが理想的である。そうすれば，また違った風景がみえてくるのではないだろうか。

なお，この締結の様子については，村におけるPBL関連としては一番多くのメディアが当時取り上げてくれた（『朝日』『読売』『京都』『産経』の四紙における2013年8月6日付の朝刊，および，NHK京都の8月5日夕方のニュース）。こういったことも，参加学生の自信につながっていることはいうまでもなかったのである。

■ 6-2 「道の駅」ワークショップ

数年にわたる高尾地域をベースとしたPBLの取り組みは，前記の通り，村役場に認められ，大阪国際大学と南山城村間の包括連携協定締結へとつながった。他事例などでは，形式的な地学連携協定が手交されて終わりというようなケースも散見されているが，PBLに参加していた学生たちはそれを新たなスタートとして意識していた。そこで，村役場の森本さんの提案により，たとえば「道の駅」のような施設を開設した場合に，どういった生産者の思いをつないでいけばいいか，その一つひ

とつの声を聴き取って，学生なりの視点から調査報告を行ってほしいということで，2013年9月から，PBLに参加していたメンバーはこの活動に向けて動きだした。

ところで，地図（図3-1参照）をみればわかるように，南山城村は地勢上，東側に三重県，北側に滋賀県，南側に奈良県と，京都府の南東部にあって三県と接した位置にある地域である。そして，村の中心部を淀川から分かれた木津川が流れ，それに沿うような形で，国道163号線とJR関西本線が時に交差しながら走っている。村役場のある大河原地域が中心地であるが，北側と南側を山地に囲まれ，川と国道と電車とが平行して存在している隙間をぬって，公共的施設や住宅が立ち並んでおり，災害時にはリスクの大きい構造となっている。

そこで，北側の山間部をトンネルで貫いて，国道163号線のバイパスを作ろうという計画が当時進行しており，そのちょうど三重県側の出口に近いところに，「道の駅」的な施設を村が建設し，活性化の起爆剤にしたいと，2017年春のオープンを目指して機運が盛り上がっていた[32]。「道の駅」を活用した地域活性化については，成功事例も数多く，近年ではよくとられている手法なのだが，ともかく，先行している他地域のコーディネーターなどを招いて，村民のワークショップが行われたり，森本さんが中心になって，村民有志による検討会も2013年から始められたりしたのであった。

プロジェクトに課されたテーマとしては，この会に対して，2013年度末までに，南山城村の主産品であるトマト・茶・しいたけの各生産者にヒアリング調査などを行い，そこで得られた資源を踏まえて，新たな価値を提示もらいたいというものであった。

こうして，2013年の9月に，合宿形式の2泊3日のフィールドワークを皮切りに，地域資源のヒアリング調査が進められていったのである。グループ編成に関しては，トマト・茶・しいたけの三チームで，それぞれ3，4回生の混成とし，各3-4名ずつの配分とした。メンバーの入れ替えや，調査対象を変えるといったことは途中で行わなかった。

この2泊3日の合宿では，当然すべてを網羅することはできなかったので，各

---

32) 一般国道163号北大河原バイパスについては，2016年8月28日に開通している〈http://www.vill.minamiyamashiro.lg.jp/contents_detail.php?frmId=134（最終確認日：2017年11月6日）〉。道の駅については，「お茶の京都　みなみやましろ村」という名称で2017年4月15日にオープンし，営業52日目で来場者が10万人を突破，売り上げも1億円を超えたことが報道されている（2017年6月8日付『毎日新聞』記事参照）。

図 3-7　一連の取材記事（出所：（左）2013 年 9 月 7 日付『京都新聞』朝刊．
（右）2013 年 9 月 6 日 NHK 京都ニュース放送より）

　グループのスケジューリングで，その後も調査報告はまとめられていった．途中で，筆者は，適宜報告を受けアドバイスをしたものの，混成チームとしたことで，4 回生がうまくリーダー役を務め，村への新参者である 3 回生たちを誘ってくれていた．これら地域資源発掘フィールドワークについては，NHK 京都が夜のニュース番組の中で取り上げてくれただけでなく，『朝日新聞』と『京都新聞』も学生の様子について記事を書いてくれた（図 3-7）．

　そして 2014 年の 3 月，当時 PBL に参加してくれた学生（4 回生）が卒業する前に，2013 年度の夏以降取り組んできた，南山城村の魅力的な地域資源を発掘し，新たな価値を提案するフィールドワークの成果発表について，村民有志による検討会議を含む村行政職員の方々へ向けて行ったのである[33]．

　なお，全体を通した「道の駅」に関しての提案としては，たとえば，「南山城村ナンバーワン料理決定戦（M-1 グランプリ）」のようなイベントを開催して，これは，南山城村内の食材のみを使用し，独自で考案した料理で競い合い，優勝料理は，「道の駅」で「M-1 グランプリ優勝」の表示をし販売できるというものであったが，全体的な活性化につなげていくというストーリーも示されていた（グランプリ参加資格は村内在住者で，審査方法は「道の駅」来場者が試食し判定する）．こういった仕掛けを通じて以下のような波及効果が予想されるということも，学生たちによって提示されていた．

---

33) ここでの提案内容やフィールドワークの調査内容について述べることは紙幅の都合から控えたいが，各グループの発表ポイントについては，「ひと・まち・つくる」プロジェクトブログ記事「南山城村「道の駅」報告会」（http://hitomatideau.blog112.fc2.com/blog-entry-222.html）〈最終確認日：2018 年 12 月 11 日〉を参照のこと．

> ①南山城村の知名度をあげていく。
> ②面白い取り組みとしてニュース性があり，話題が生まれる。
> ③イベントの結果，地域資源を使った特産品が生まれる（新たな地域資源が発見される）。
> ④村民が出品するので，傍観者にならず多くの人間が「道の駅」を中心とした活性化に関わることになる。

このように，南山城村の「道の駅」を通じた，PBL はまだまだ続き，発展していくのである[34]。

では，本項の最後に，当該地域資源フィールドワークについて，2013 年度の代表としてプロジェクト（PBL）を率いた三登康太郎さんの気づきを載せておくことにする（2014 年 4 月 4 日付大学ホームページニュースより抜粋）。

> 【三登康太郎さん（2014 年 3 月当時：現代社会学部法律政策学科 4 回生】
> （波線部は筆者）
>
> 　今回の報告は，これまでの調査結果を踏まえ，お茶・しいたけ・トマトの 3 班それぞれが，新商品や体験イベントの提案を行いました。近年，全国の道の駅が地域活性化において重要性を増すなか，南山城村の『道の駅計画』でも，提案だけでなく，実現できるように継続的に関わっていくことが重要と考えています。
> 　ところで，私は，2 年生からプロジェクトで活動し，南山城村地域での活動に主体的に取り組み多くの体験と学びを得ました。それは，南山城村と大学地元の菅原東校区との連携に力を注いだことです。その中で，茶摘みや昔ながらの田植え・稲刈りなど貴重な体験をする機会を与えていただき，農作業の大変さを実感し，日本の農業の将来について考えさせられました。次に，多くの人と知り合い，交流，政策提案を通じてコミュニケーション力などが身につきました。

---

[34] 事実，2017 年現在「道の駅」社長に就任している森本さんからは，有償インターンシップという枠組みを使い，年間を通じた業務に関わりながら，宿題となっている商品開発の続きに取り組んでほしいという依頼を受けている。

> このように、実践しながら学ぶことで、社会人基礎力など社会で必要な力を確実に身につけることができました。また、多くの人との「つながり」が生まれた京都府の南山城村は、私にとって第二の故郷となりました。卒業後もぜひ訪れたいと思います。

■ 6-3 薫笑庵の設置

　先述の通り、高尾地区における「空き家問題の解消」と「大学の活動拠点設置による活動の拡充」は二兎を追うものとなっていたのだが、この命題が掲げられて以降、当該PBLを、実質的に牽引してきた筆者と当時村役場職員であった森本さんの「強い絆」ネットワークでは、物件探しに行き詰まりをみせていた。2014年度に、福仲さんを頼って、一つの空き家を検討したのだが、改修費用が膨大にかかることや自動車でのアクセスが課題となって、見送りとなっていた。

　そういった中で、2014年度末に、筆者のネットワークではなく、PBLに参加した学生が手島さんを介して知り合った下浦勝さんから、空き家を提供してもよいという話を取りつけてきた。改修費用や自動車でのアクセスについても、下浦さんの物件には全く問題がなく、大学側が風呂とトイレの改修や畳の張替えなどを行い、2015年度に入って、賃貸借契約を結ぶ運びとなった。下浦さんを現地の学生アドバイザーに任命し、賃料をお支払いする中で、指導役を引き受けてもらっている。PBLに参加している学生はみんな、「しもじい」という愛称で呼んで慕っており、当該PBLの新しい地平を拓いてくれる存在となった。このように筆者の知らないところで、いつの間にか、PBLに参加した学生たちは地域のネットワークを広げており、「弱い絆」の可能性を改めて認識したような出来事となった。

　そして、この拠点は、「薫笑庵（くんしょうあん）」と名づけられたのだが、PBLの学生らが中心になって命名しており、「薫」は南山城村の標語である「自然が薫り、絆が生きる自立する村！みなみやましろむら」から、「笑」は南山城村の花〈山桜〉の花言葉である「あなたに微笑む」からそれぞれ取ったもので、「薫笑」に、「自然が薫り、微笑の絶えない活動」となるように思いを込めたものになっていた。

　2015年10月に行われた開庵式には、南山城村の手仲村長を初めに地区住民のみなさんが約20名、大阪国際大学からは学園の奥田理事長、大学の宮本学長を筆頭に約30名の総勢50名が集い、南山城村産お茶の鏡開きで盛大に門出を祝われ、お互いの絆が目にみえる形となったのであった。

■ 6-4　薫笑庵設置後の新たな取り組み

　高尾地区に大学の活動拠点が設けられたことで，現在では，①多くの人数が関わるような活動，②朝早くに行われる地域行事，③宿泊型のイベントなどの展開が可能となっている。

　たとえば，2015年10月の設置以降に取り組まれたものとしては，PBLに参加した学生を媒介とした他地域との交流会，宿泊型の村役場インターンシップや出合[35]など朝早くから行われる地域行事などを挙げることができている。

　南山城村と他地域との交流会については，PBLに参加した学生たちが，枚方市菅原東校区以外にも地域活性化活動を繰り広げていることから実現しているもので，2015年11月には滋賀県近江八幡市武佐学区と，2017年12月には奈良県吉野町殿川地区と交流会を行っており，それぞれが特産物を持ち寄るような食事会をしたり，各地域資源に触れ学ぶことで自身のまちづくりにも活用してもらう内容を学生らが橋渡し役となって企画している。

　南山城村役場へのインターンシップについては，2008年，2009年，2011年といずれも電車で通う形で取り組まれていたが，2016，2017年に行われたものは，薫笑庵に2週間泊まり込みながら進められてきている。必然的に高尾地域の一時的な住民として過ごすわけであるから，手島さんや下浦さんなどとの日常会話を通じ，さまざまな気づきを得ることになっている。

　なお，薫笑庵の開所以降，学生・教職員らによる延べ利用日数は約120日で900人の方が訪れており（2015年10月–2017年12月，大阪国際大学地域協働センター調べ）[36]，高尾地区の人口が約300人だから，もはや2年間で3倍を超えることになった。この数字が多いか少ないかは別にして，たとえば経済効果をみてみると次のように考えることができる。

　観光庁の基準によれば，「定住人口1人当たりの年間消費額（124万円）は，旅行者の消費に換算すると外国人旅行者10人分，国内旅行者（宿泊）26人分，国内旅

---

35) 高尾地区住民によると，「出合」とは，奈良県から京都府にかけて使われている言葉のようで，「溝掃除や道・墓地の草刈りなど地区の共同管理作業」を意味しているとのことであった。

36) 2015年10月以降，筆者以外の大阪国際大学教員によるPBLやサービスラーニングなども，薫笑庵を拠点に取り組まれ始めている。たとえば，2017年6月24–25日に行われた「南山城村アクションリサーチ」〈http://www.oiu.ac.jp/re-news/archives/2017/07/071500.html（最終確認日：2018年11月20日）〉などを参照のこと。

行者（日帰り）83人分にあたる」[37]ということであるから，仮に，上記の学生・教職員らを900名の日帰り者とみなすと，ここまでで約1350万円の経済効果をもたらしていることが推計される。先述の交流会やインターンシップなどは宿泊で行われており，おそらく，金額としてはもう少し上積みしてみることもできるのではないだろうか。

第7節　当該PBLに関する地域側からの評価

ここでは，受け入れの推進役でもある当時村役場職員であった森本さんのコメントを掲載しておきたいと思う（波線部は筆者による）[38]。

> （当該PBLについて）行政がどう関わっているかという所なのですけども，ほとんど学生が地域と中心になって進めています。最初，確かに地域と大学生をつなぐようなコーディネートをしていたわけなのですが，いつの頃からかもう直接その地域住民の方と学生たちがつながるようになって，例えばイベントのお手伝い，地域のお祭りのお手伝い，そういったものが自然と始まっています。その中でも，こういうことをやればいいんじゃないか，ああやればいいんじゃないか，地域にとってこういうことが必要じゃないかということが地域と学生らの中の信頼関係が必然的にうまれてきた[39]ことはすごいことだなとい

---

37)「観光に関する取組について」（平成26年11月18日国土交通省観光庁）〈https://www.kantei.go.jp/jp/singi/keizaisaisei/jikaigou/dai8/siryou1.pdf（最終確認日：2017年12月11日）〉より。
38) 大阪国際大学・同短期大学部地域協働センター主催による「活動報告会」（2013年7月21日，於・大阪国際大学・守口キャンパス5号館開催）の講演内容より筆者編集。
39) この森本さんの評価をしても，PBL参加学生と南山城村高尾地区住民との間に，ソーシャルキャピタルが創出されてきていると考えてよいだろう。その主要な要素としては，信頼，規範，ネットワークが挙げられるわけだが（パットナム，2001），渡部・加藤（2015：135）は，「能力に対する信頼があっても，意図に対する信頼がなければ，社会的な相互作用は起こりにくい」としており，森本さんの他コメントにも示されているように，「学生が主体的に担う／できる」という能力はあまり期待されておらず（あるいは期待してはいけなく），むしろ，地域に関わり続け，投げかけていくような強い意思や意図を学生はもつべきだというメッセージが込められていると筆者は考えている。したがって，森本さんの評価する地域とのソーシャルキャピタルは，おもに，地域住民のPBLに参加している学生に対する「意図に対する信頼」ということになるのだろう。

う風に，僕自身も思っています。その中でもやはりまだ，地域の方たちはまだ学生たちにこう何かやってもらえる，という学生たちへの依存度というのがすごく強くてですね，地域の方たちの主体性というものがまだ弱いというのが実状でして，時々こう学生たちが，泣き言を言ってくるんですけども，「お前たち学生がいきなりそういう事が出来るわけがないじゃないか」というのも「仕事としてやっててもなかなか地域の方たちを動かすことが出来てないのにあきらめずにやっていけ」という事で励ましているのか，落としているのかわからないですが，そういう形で僕としてはやっています。

現状といたしましては，南山城村をベースとして考えているのですけども，高齢化に始まり，「高齢化による労働不足が起き→その影響で農業の衰退が起き→地域の担い手不足→そして地域自体の衰退→若者が流出している」という，グルグルとこういう（悪い）サイクルが続いていると思います。それを，考え方を変えまして，高齢化ですと例えば，高齢者の人たちの安心安全として，高齢者の人たちの心のよりどころとしてどう考えるか。

例えば若者の流出ですと，流出しないように地域に共感する人をどうつかまえるか，労働力不足として地域のために必要な事を担える人を，どうして作っていくかというような事を，学生がやるという事ではなくて，学生が地域に入っていく中でどういう提案をしていくか，どういう地域に投げかけを，地域として公共人材をどう考えるか，投げかけやきっかけをどう作っていくかっていうことが学生の役割ではないかという風に思っております。こういった中で「公」として考える，その上で外部人材をどう考えるのかという事が，今うちの地域でやろうとしているといいますか，考え方のベースとして村づくりを考えておりまして，これを一つ問題提起にしたいと思っております。

地域との連携によるPBL実施のポイント：南山城村事例からの含意

■ 自治体職員や地域活動関係者とのつながりを学会や研究会などを通じて開拓しておく

　PBLを成功させるためには，PBLの内容と関わりの深そうな地域のアクターと早めに接点をもち，人間関係を築き，ネットワークを形成することが重要である。また，近年，関連学会に加入（あるいは会員とならないまでも大会などに一般参加）する自治体職員や地域活動関係者も増えている。PBLを担当する教員は専門に関連する学会だけではなく，こういったアクターがより多く参加しているような学会にも足を踏み入れることをおすすめしたい（たとえば，自治体学会やNPO学会，コミュニティ政策学会など）。また，所属大学の地域貢献部局などが主催する社会人向け講座や研究会講師も積極的に引き受けていただきたい。ちなみに，筆者の場合，南山城村役場の最初のキーマンである田中正則さんとは，自身が通っていた大学院の研究報告会にたまたま聴講されていた縁で知り合った。当時，田中さんは人材育成部署に所属し，筆者の研究報告を友人に誘われ聴講されたようである。筆者もいつか学生指導をお願いする際に主要なアクターになっていただけるかもしれないということで名刺を交換し，後日，インターンシップ受け入れをお願いした。なかなか図々しかったのではないかと今更ながら思うが，PBLを推進する教職員としては，それくらいの熱意をもち，常にアンテナを張り巡らせておくことも大切であろう。

■ キーパーソンを確保しておく

　前述の内容とも関連するがPBL成功の鍵は，テーマに関連するアクターを，要所で確保し，ネットワークを張り巡らすことにかかっている。南山城村の事例では，最初から関係していただいたアクターは先述の通り，筆者自身の研究会報告で知り合った村役場の田中正則さんである。田中さんは当時京都府から南山城村役場に派遣されていたこともあり，このつながりだけでは，短期間でこのPBLは終了していただろう。田中さんとのつながりの次に村役場職員である森本健次さんとの関係を新たに生み出すことができたから続いたのである。そして，村内にネットワークを有する森本さんを通して高尾地域の福仲稔さんとも関係を構築することができ，学生たちがそれを深めてくれた。さらに，高尾地域のキーマンである手島さんご夫妻は，初めて高尾地域でワークシ

ョップを行った際に，学生が配布したチラシを通して報告会に参加いただいたことでご縁がつながっている。この例からもわかるようにPBLの初動期からすべてのアクターとつながっているということは通常はありえない。まずは，たった一人でも地域側のパートナーをみつけてほしい。そこから人のつながりが生まれる。そして，学生がPBLに取り組んでいく中で，そういった人は自ずと出てくるのである。

　なお，筆者は郡部地域での最初のキーマンとしては「地域おこし協力隊員」が適切ではないかと最近考えている。この制度の詳細は，「地域を変えていく新しい力 地域おこし協力隊──ニッポン移住・交流ナビ JOIN」〈http://www.iju-join.jp/chiikiokoshi/（最終確認日：2018年11月29日）〉をご覧いただきたい。たとえば筆者の大阪国際大学における最初の教え子が，鳥取県智頭町で当該隊員を2014年度まで務めていたが，たびたび外部からの大学生のフィールドワークやヒアリング調査などのコーディネートを行っていた（智頭での取り組みは，https://ja-jp.facebook.com/yamasatoshinko（最終確認日：2018年11月29日）を参照のこと）。「地域おこし協力隊員」は一つの自治体でも複数名，郡内など少し領域を拡げて考えると，より多くの人々が配置されており，それぞれがネットワークを築いている。そして，彼・彼女らは当然「ヨソモノ」という立ち位置で当該地域で活動しているため，その視点は，PBLを行おうとする学生に近い。地域資源に通暁し，かつ，学生のよきアドバイザーとして振る舞ってくれる可能性をもった「地域おこし協力隊」に，郡部におけるPBL展開の窓口になってもらえるよう依頼してみることは有効ではないだろうか[40]。ぜひ，ご一考いただきたい。

■ **PBLの導入部分として，インターンシッププログラムを活用する**

　前章の菅原東校区の事例考察で挙げた「サービスラーニングの活用」と同じ位置づけのポイントである。大学と各自治体間，あるいは，大学と各企業間では，すでに数多くのインターンシップ受け入れの協定などが結ばれている。そして毎年，多くの学生たちがインターンシッププログラムを活用している。た

---

[40] 学生たちとの新しい取り組みとして，近年，奈良県吉野町でのPBLを展開してきているが，そこでの窓口役を引き受けてくれているのは，もともと，ご夫妻で当地の地域おこし協力隊員をやっておられた方である（2017年4月5日付『毎日新聞』記事参照のこと）。

だ，インターンシップは学生休暇中の2-3週間といったプログラムが一般的で，深く掘り下げる前に終了してしまうことが多い。自治体や企業側が，学生視点の提案や，具体的な調査報告を求めている場合は，インターンシップを導入プログラムとし，その後，中長期のPBLプログラムへとつないでいく方法がよい。この方法は，関係者にとって何かと利点が多い。たとえば，大学側にとっても，PBLの対象となる現場の状況などを，当該学生らにインターンシップを通じて理解してもらうことができ，おそらく（現場に行かないままで行われる）あまり効果的ではない大学における事前のレクチャーを省くことができる。また，インターンシップ期間中に，参加学生たちがPBLの問題を発掘し，課題を設定できるかもしれないということは，教育的にも価値がある。そして，インターンシップの期間は学生と受け入れ側の交流の機会を与えてくれる。学生たちは，インターンシップを通して，いきなり課題に直面せずにすみ，課題の周囲から学びを深めていく「正統的な学習」を行うことが期待できるし，受け入れ側にとっては，PBLに入る前に学生の見極めができる。そして受け入れ側がPBLをより教育機会として捉えてくれている場合は，参加した学生の資質に合わせて課題の設定なども可能になるかもしれない。そうではなく受け入れ側にとってイノベーションをしてくれる役割を学生に期待するような場合には，その目的にとって適切な人物でなければ，インターンシッププログラムのみで終了してもらうこともできよう。インターンシッププログラムをご担当の方は一度，プログラムを活性化させる方向で，PBLとの組み合わせを考えてみてはいかがだろうか。

■ PBLの推進にあたっては，大学イニシアティブの「問題発見・課題設定型」であることにこだわらない

　第3章の南山城村の事例も第2章の菅原東校区の事例も，それぞれ地域活性化という大きな目標を同時に掲げており，一回限りの単発的なPBLではない。また参加している学生の成長を考慮すれば，複数年にまたがる取り組みの方が効果的である。したがって，体系的で継続的なPBLを行うことが望ましい。またこのような継続的なPBLの場合，地域側とのミスマッチはとくに避けるべきであろう。そのためにはPBLを推進していく関係者間でしっかりとした目的の共有（何のためにPBLという手法を大学・地域側の双方が使うのかなど）を図っていく中で，地域（行政・組織）課題を提示してもらうという

のも，導入期にあっては積極的に行いたい。PBL のすばらしさは，何度も繰り返しているように，学生にとっても受け入れ側にとっても，それぞれのメリットをもたらしてくれるということにある。しかし，そのことを，最初の局面で（もちろん途中でもよい），とくに受け入れ側に味わってもらう必要がある。学生を送り出す大学以上にたいへんな苦労をするのが受け入れ側であり，PBL を導入したことで，自分たちの課題が少しでも解消されたということでなければ，この取り組みは本来あまり意味をなさない。南山城村の事例で散見されたように，自治体側や地域側から課題を提示してもらい（たとえば，「総合計画策定にかかる村民アンケート作成・分析作業」や「道の駅開設へ向けた資源調査」が村役場提示であったし，地域側からの投げかけとしては「高尾会議」における協働的な課題設定が該当していた），それらの小さな成功（失敗）を，目に見えるようなかたちで共に積み重ねていくことが，じつは，PBL のプロセスにおいて，非常に重要な仕掛けとなるのである。

■ 郡部の PBL 展開においては，とくに日常的な信頼関係の構築に配意する

この点については，菅原東校区におけるポイント整理のところでも述べた通りであるが，南山城村のような郡部で PBL を進めていく場合には，とくに留意しておきたい。いきなり，本題に取りかかるのではなく，地域住民と教職員・参加学生間のコミュニケーションを図ることから進めていくのでよいのではないか。地域の祭りに参加させてもらい，神輿を担いだり，一緒に盆踊りを楽しんだり，また，地域総出の行事に関して，たとえば，農作業や茶摘み，地域によっては道普請を手伝うことも一つだろう。そういった取り留めもないことを積み重ねていくことで，PBL の受け入れ側として胸襟を開き，本音で語ってくれるようになるのかもしれない[41]。さらに，南山城村事例で，自分たちの活動内容などを新聞としてまとめ，地域に配布していたように，コミュニケーションの跡をしっかりと残してみせていくことも重要である。繰り返すようだが，一足飛びに PBL に着手してはならない。最初のボタンを掛け違わないことが肝要だ。

---

41) この点に関しては，村山（2014）による「あざおね社中」という PBL の取り組みも参考にされたい。

■ 廃校舎などを活用した活動拠点を設ける（定期的な話し合いの場をもつ）

　標題の一事例をここで挙げておこう。郡部におけるPBLの場合，ほとんどの大学が物理的な壁に悩まされる。どうしても，週末や休暇中における取り組みとなろうが，対象となる地域に拠点がなく，宿泊はもとより，地域住民との話し合いの場すらもてないということが起こる。こういった場合，南山城村の事例でも少し触れたが，空き家を改修して，PBL活動の拠点にするという案は一つ考えられる。ただ，これだと，新たな投資が必要で，一つのPBLにそれだけの予算は投下できないということが起こる。ただ地域には，使われなくなった小学校や公民館など公共的施設がある場合が多く，ぜひともこういった資源の利活用を考えてほしい。南山城村事例では，地域住民との協働的取り組みを創り出してきた「高尾会議」を，地区内にある小学校の廃校舎の一室を使って行ってきた。宿泊を伴うような場合は，公民館の和室に布団をレンタルして対応したこともあった。鳥取県の日南町のように，廃校舎自体をリニューアルして，地域外の大学が研究・教育に使えるよう，「交流センター」化しているものもあるが[42]，大がかりな拠点をもたないまでも，定期的にコミュニケーションをとることのできる，出入り自由なオープンな場を構築していくことは欠かせない。

　結局，西垣（2013：152）のいうように，「二人のあいだの対話，問いと答の繰り返しこそが，ボトムアップの集合知の基本単位とな」り，「それがコミュニケーションにもとづく三人称的な知識の長期的な意味伝播（プロパゲーション）につながる」ということを念頭に置く必要があるのだ。これまでもみたように，およそPBLで取り組まれていることは正解がなく，関わる人の価値観も錯綜するような地域課題を扱っていることが多い。「むしろ多様な意見や価値観をもつ人々が，相互討論をつうじて妥協できる合意点をみつけていく努力が肝心」（西垣，2013：194）ということなのである。

■ 多様なアクターに触れる仕掛けをしておく[43]

　PBLは別名，Process Based Learningとも呼べる。結果を求めるよりは，過程（現場の課題関係者とのコミュニケーションなど）を通じて多くを学習できるスタイルである。したがって，本章で取り上げた事例のように，「地域活性化」を最終ゴールにおくパターンであっても[44]，その過程において，数多

42）葉上（2010）を参照のこと。

くの活性化に関わるアクターに学生を触れさせることは必要不可欠なのである。そのことから，参加学生なりに新たな「気づき」（その後の課題解決展開の閃きなど）があるし，アクター間を結ぶネットワークコーディネーターとしての役割や機能も見出せるのではないか。もちろん，アクターを発見すること自体，あるいは「資源の数珠つなぎ」そのものがPBLであることは違いないが，初参加の者が多い場合は，導入として，民泊や農家体験などを盛り込むことが適当と思われる。同様に，資源発掘のフィールドワークを行ってもよいだろう。本章の事例で取り上げたように，具体的なテーマ（たとえば，南山城村における「道の駅」開設へ向け，トマト農家はどういった関わりができるのかなどのこと）を与え，キーマンのヒアリングを重ねていくことも，初学者には取り組みやすい方法であろう。なお，この場合のポイントは次のようなものになる。「①現場に出かけて調べる」「②先入観を捨てて聴く」「③対等の立場で聴き，啓蒙したりするような話し方はせず，目線は同じか，低くして行う」「④実際にやっていることや使っているものなどについて聴く」。その場合，意見ではなく，やっていることを尋ね，たとえば，「農業の経営はどうですか」ではなく，「田植えはいつか」や「この草はどう呼び，何に使っているか」などの内容にする「⑤相手が話しやすい場所を選ぶ」「⑥あたりまえに住んでいる

43) 結局，このことはウチとソトによる協働のまちづくりを志向する「地元学」の展開も意味するのだろう。たとえば，吉本（2008：36-37）は，「土の地元学」（地域が元気になるためには，ただ住むだけの住民から，地域を守り育てていく当事者であるという意識変革が必要。それはまず，住民自らが地域を調べることからはじまる）と「風の地元学」（地元の人だけではひとりよがりになってしまうので，外の人たちといっしょにやっていくことが必要。地域のもっている力，人のもっている力を引き出すことが，外の人たちの役割）を提唱している。そして，「外の人たち」の「行儀作法」として，「教えすぎないこと」を挙げ，「教えすぎないことで，地域のもっている力を引き出していく。引き出す方法は，「驚いて，質問する」こと」という指摘をしている。また，同じ論点については，結城（2009：26）も参照のこと。
44) 株式会社三菱総合研究所が2007年に実施した「大学における地域活性化・まちづくりに向けた取組に関するアンケート調査」によると，大学が地域活性化やまちづくりに取り組む目的としては，「社会貢献」の他，「地域振興」や「学内人材の育成」が強く意識されてはいるものの，それら二つに関しての評価は著しく低いものとなっている〈http://www.chusho.meti.go.jp/pamflet/hakusyo/h20/h20.html （最終確認日：2017年11月12日）〉。本書でも触れている通りだが，PBLを通じて「地域を活気づける」ことが容易でないことは理解できよう。

人が超一流の生活者だと思って聴く」などが挙げられる[45]。

■ PBL のプロセスでは，多様なアクターとの協働を意識させる工夫をする

アシュビー（Ashby, 1960）の考察にもあるように，近時の複雑多様な環境に対応するためには，それに相対する組織も同じ程度の多様性をもっていなければならないという「最小有効多様性の法則（Low of Requisite Variety）」は，本章で扱った事例の PBL のテーマである「地域活性化」にも応用できよう[46]。したがって，先述の「多様なアクターに触れる」といったこととも重なってくるが，本章の事例で紹介した「南山城村高尾地区ワークショップ」や「高尾会議」のように多様なアクターとの協働を意識してもらえるような場面づくりを，担当教職員としては頭に描いておきたい。もちろん，PBL 参加学生自身が「気づき」「築いて」いくものであるし（本章の事例で紹介した「高尾会議」も地域住民と学生との協働で成立している），誘導することは避けたいが，「協働」を行わなければ課題解決には向かわないという「気づき」をできるだけ早期に獲得させたいところであり，各テーマに応じて，そういったデザインの工夫はしていってほしい。

■ 積極的にマスメディアに情報をリークしていき，取り上げてもらう

本書においても，当該 PBL がさまざまな新聞記事などに取り上げてもらったことを記載していたが，小さな成果でもよいので，堂々とマスメディアに情報を売り込むべきだと筆者は考えている。なぜならば，扱われた大きさが小さいモノであっても，名前入りの記事が書かれたり，ましてやテレビに自分たちの活動風景が流されるようなことがあれば，PBL 参加メンバーのモチベーションは高まり，地域への愛着も深まるなど，全体として活動の正のスパイラルを生み出すからである（もとより，最近の大学の社会的位置づけを鑑みれば，

---

45) 吉本（2008：38-40）を参照のこと。
46) Gray（1985）などによる社会的協働論の話にも明らかなように，大学なども含めた多様な組織が相互に自らの資源を提供し合うことで，地域課題を解決し，新しい価値を創造する方向性を見出していく必要があるのだ。多様性こそが創造性を育み，多様な才能によるチームプレーでないとイノベーションは起きず，問題解決にも繋がらないということを忘れてはならないのである（ペイジ, 2009）。

PBLを通じた大学の知名度アップやブランド化を図ることにも貢献するだろう）。PBLの全過程が終了してからではなく，ぜひとも，さまざまな局面で情報提供を行ってもらいたい。

　ちなみに，多少戦略的なことではあるが，郡部におけるPBLの場合，大学生が入ってくること自体が珍しいということもあってか，都市部における展開に比して，新聞社なども記事として扱ってくれる確率が高いように感じている（地域住民向けには，最近，ケーブルテレビが張り巡らされていることが多く，これは，ローカルな情報を取り上げることをメインにしているから，間違いなく扱ってくれると思われる）。当該自治体の広報誌はもとより，自治体には記者クラブというものが存在していて，およそ，大手新聞社および地元新聞社とも，記者を常駐あるいは派遣している。ここぞという時のために，名刺交換を早めにし，とにかく，小さい情報でもよいからプレスリリースを精力的に行っていただくとよい。PBLがある程度進行していくと，担当教職員の役割というのは小さくなっていくが，このマスメディアへの対応は，最終的に学生主導でできることを理想としても，教職員が主体的に関わってやることをおすすめしたい。PBLの黒子役として，全体を客観的に俯瞰できる立場として，流れに応じたメディア活用を行っていきたいものである。なお，教職員よりも，地域側の行政職員やキーマンの方が，記者などと信頼関係を構築している場合や，あるいは，メディア対応に長けている場合も多いので，そういった立場の人と，適宜，情報共有しておくことも大切である[47]。

■ 行政幹部や地域住民へのプレゼンテーションも織り込むこと
　先述したマスメディアを使った情報発信を対外的なものとするならば，この項目では，PBLを活動地域内部へと向けられたアクションとして位置づけている。メディア広報は，もちろん，内部の方の目に触れるものであるが，できる限り，一方通行ではない，フェイストゥーフェイスの情報提供場面を作っておきたいものだ（この観点では，PBL活動のブログを開設したり，フェイスブックでの発信も一つの方法となる。実際，既述の通り，南山城村のPBLにおいても，学生たちがそういった取り組みを展開し続けている）。

---

47) 南山城村PBLの場合，支援者である森本健次さんによって，多くのプレスリリースを助けていただいた。

何度も繰り返していることだが，PBL の評価は，PDCA サイクルをどれだけ具現化・可視化できたかが重要なのだが，学生が課題を設定し，解決案を提起し，協働で解決を図っていくような流れの中で，決してやりっ放しにはしていないという姿勢が強く求められてくる[48]。たとえば，先述の「多様なアクターに触れること」であったり，「協働を意識させること」についても，その取り組みがどのようなものであったのか，きちんと課題関係者を交えてフィードバックするような機会を設けていかなければ駄目なのである。PDCA サイクルのチェック（評価）を相互に行うことで，次なる【気づき⇒築き】への展開が生まれてくるのであり，協働を実質的なものにするためにも，お互いが学び合う局面は，ぜひとも設定しておかないといけないことになる。

　パターンとしては，小規模な会議を定期的に行うこともあるだろう。また，フィールドワークやワークショップ，あるいはイベントを開催した後には必ず，振り返りをメインにしたセミナー（学生プレゼンテーションの機会）を設け，情報を共有し，また再び，（PBL の）主戦場に帰っていくようなサイクルをデザインしておくべきだろう。この他，年に一度，すべての関係者を交えた当該年度の PBL シンポジウムを開くことなども考えられてよいと思う[49]。いずれにせよ，地域住民こそが本来的な主役である。課題解決のお客さんにしないためにも，当事者意識を醸成するような，こういった取り組みは欠かせないのである。

■ **学生自身も誰かに教える，伝えるという経験を織り込む**

　PBL の教育的効果をより先鋭化させ，さらに地域課題の解決へ向けてインパクトをもたせるには，参加している学生自身が強い主体者意識を有することが欠かせない。そもそも，PBL 自体，大学内で行われる講義・演習科目に比して，主体者意識を抱かせる効果があるが，PBL を体系的継続的に仕組むことで，学生たちは対象地域から学んだこと，対象地域で気づいた（築いた）ことなどを，後輩や新たなヨソモノたちに教え，伝えていく必要性に迫られてい

---

48) PBL の教育効果として，マネジメント・サイクル（PDCA や PDS〈Plan-Do-See〉）を自然と行えるようになると評価する向きもある（古川・梶脇, 2011）。
49) この点に関しては，大阪国際大学で展開されている各 PBL のステークホルダーをお招きした，地域協働センター主催の活動報告会（毎年度末開催）を参照されたい〈http://www.oiu.ac.jp/re-news/archives/2017/03/301300.html（最終確認日：2018 年 12 月 11 日）〉。

く。PBL参加学生を一方的な学びの受け手にするのではなく，彼・彼女らも，ある意味マスターとして振る舞わせていくことが，主体者意識をより増幅させ，PBLも好循環で動いていくようになるのだ。

　南山城村の事例でいくと，インターンシップで先乗りしていたような学生（2008・09年度）がそういう役回りを発揮してくれたし，留学生を村に案内していく中でも，それらは発現していた。とりわけ，食農教育ということで，菅原東校区の子どもたちを引率し，田植えから稲刈り，そして餅つきに至る一連の米作り過程では，そういった「教える・伝える」という行為が自然と展開されていた。他者へのプレゼンテーションについてもこの関連にあるだろうから，常に，学生の立場を固定化することだけはきびしく慎みたい[50]。

■ **PBLのみに着目するのではなく，学部学科全体での位置づけや，担当科目との関連性なども意識しながら，トータルのコーディネートを行う**

　ここはいささか補論的な内容になるが，PBLというテーマではよく議論になっていることでもあるので，大学内で行われる通常の座学講義（あるいは演習形式のゼミなどを含んでも可）と実際の地域課題を扱うため大学外に出て行うPBLとは，どういったつながり・関係性をもってプログラムデザインされるべきなのかということについて，少し整理しておきたい。

　当然，大学内の講義等で得た知識・技能を，地域現場での課題設定や課題解決などへ向けて，いかにどれだけ応用していけるか，活用していけるかということが，PBL成功の一つの「肝」であるが（「何を知っているか」から「何をできているか／できるか」への教育パラダイムのシフト），こういったブリッジングについて，普段から意識している教職員は少ないのではないだろうか。

　筆者についても，担当している授業・演習のすべてを，本書のPBLに結びつけているとは到底いえないが，少なくとも「地域活性化」という課題解決を標榜し，課題関係住民とのコミュニケーションを中心としたPBLを推進している以上は，そのことを強く意識した科目運営を，一つくらいは行ってきている。それが，「まちづくり論Ⅰ（基礎編）」〈現代社会学部法律政策学科2年次以上配当科目：2年次後期開講，2単位〉と「まちづくり論Ⅱ（実践編）」〈全学部学科3年次以上配当科目：3年次前期開講，2単位〉〈2017年現在のグロ

---

[50] この点に関連しては，石橋（2014）の取り組みも参照されたい。

図3-8 ブリッジングのワークショップ風景
(出所：筆者撮影 (2013年8月20日))

ーバルビジネス学部では，科目名称が変わり，それぞれ「公共経営論」（2年次前期）・「フィールド・リサーチ」（3年次前期）となっている）で，前者では住民自治や協働型のまちづくりを論じ，後者では，ワークショップ方式で，実際，地域住民などとまちづくりを進めていく技法などを学ばせている。基本的に，PBL（プロジェクト）に参加したいと考えている，あるいは現に参加している学生には，これら履修を半ば義務づけてきた[51]。

とはいえ，一週間に1時間半ごとに寸断された上記授業と，時間を問わずに日々進行しているプロジェクト（PBLプログラム）とが，学生の中でどこまで関連づけられているのかということについて，リアルタイムに，適宜，把握していくことは非常に困難である。そこで，筆者は，たとえば前述の南山城村「道の駅」フィールドワークなどを行う際には，改めて，理解しておくべきことやヒアリング調査のなかで使う技法や配慮すべき事項などを，参加学生とのワークショップで確認するようにしている。「まちづくり論Ⅰ・Ⅱ」（「公共経営論」・「フィールド・リサーチ」）を受講していれば履修済みのことを，今一度，関連するであろうと想定されるポイントだけを抽出して，「学びなおし（ふりかえり）」をさせるわけである。

---

[51] 同志社大学政策学部では，「初級地域公共政策士」の資格取得へ向けて，3年次に，アクティブラーニングの要素を取り入れた「フィールド・リサーチ」を必修科目として全員に課しているが，1-2年次に行われる理論系科目との架橋・体系化を意識した履修モデルを提示しており参考になる（「『大学間連携共同教育推進事業』学習効果に関する研究会」同志社大学政策学部主催，2014年10月8日（水曜日）15:30-17:00，同志社大学新町キャンパス渓水館1階会議室における，武蔵勝宏「初級地域公共政策士（政策基礎力）の政策学部での試行・導入について」の報告内容より）。

ここでは，2013年夏より行われた「南山城村地域資源フィールドワーク」を例に取り上げているが，各グループで，ヒアリング調査にのぞむにあたっての方針や心構え・留意すべきことなどを，ワークショップ方式でまとめてもらった。最後には，各自にプレゼンテーションを行ってもらい，全体の共有化を図った。このことによって住民を対象としたフィールドワークを行う際のエッセンスが，授業から時間経過した者もいるにもかかわらず，再確認されたのである。

　なお，ブリッジングという趣旨とは少し違うかもしれないが，筆者がかつて所属していた現代社会学部法律政策学科の取り組みとして，毎年2月ごろに，「政策ミニコンペ」という催しを行っていたことがあった。これは，むしろ，PBLなどで活躍している学生たちの省察の場として機能していたといった方がよいかもしれない。ややもすると，PBLを通じて実践ばかりに夢中になっている学生たちに，また違った視点からの「気づき」を生起させ，自分たちが取り組んできた内容の「ふりかえり」をしてもらうことを企図して行ってきたものである。専門分野の違う各教員からのコメントをもらうことによって，筆者とはまた違ったアプローチを拓くことができたし，非常に有意義な取り組みとして考えることができた。学生においては，当然それだけではなく，プレゼンテーション能力やパワーポイントの作成能力，論理構成力などが試され，伸ばされていく場でもあった。例年，参加した学生たちは，「この政策ミニコン

---

52) 大学ホームページニュース〈http://www.oiu.ac.jp/re-news/archives/2016/12/121000.html（最終確認日：2017年11月13日）〉を参照のこと。なお，この他の同種の取り組みとして，先述した「学生チャレンジ制度」の年度末報告会や地域協働センター主催による地域連携・貢献関連の学生活動報告会などがあり，ふりかえりや内省の場を創り出していることが確認されている。とくに前者では，年度頭に審査にあたった教職員が厳しい質疑応答（所期の目的を果たせたか，事業内容は適当であったか，予算の使い方は妥当であったかなど）を投げかけており，学生たちは想定問答づくりやプレゼンテーションの練習まで相当シビアな時間を過ごすことになっている。ともかく，PBLについても学生を地域の方に丸投げして終わりというのではなく，また，担当教員がきちんとフォローしているからよいというものでもなく，こういった関係者以外からの評価機会もPBLデザインの中にきちんと組み込みたいものである。

53) PBLやサービス・ラーニングなどの経験学習型教育実践においては，リフレクションだけでなく，ラーニング・ブリッジングもまた，学生の学習に対して重要な役割を果たすことが指摘されている（河井・木村, 2013）。

ペを通じて，政策（課題解決案）を立案する上では，調査した内容を数値化することや，コストなどの具体的な面も含め，実現可能性のある政策を考えていかなければならないことに，改めて気づくことができた」（2013年3月8日に行われたミニコンペ後の学生アンケートより）という感想を寄せており，また再び，PBLの現場に戻って，「気づき」を活かしていくという往還作業を行ってくれていたように思う（2017年現在，グローバルビジネス学部では，3年次セミナーにおける「リサーチプロジェクト」[52]などへ継承されている）。

　これらの紹介から理解できるように，PBLの推進者としては，それ自体のみをみるのではなく，学部学科全体での位置づけや，担当科目との関連性なども意識しながら，全体的な設計を行うべきなのである[53]。

● 引用・参考文献
池田　潔（2014）．「第1章　新たな地域活性化の担い手とその課題」兵庫県立大学地域活性化研究会［編］『地域マネジメント戦略―価値創造の新しいかたち』同友館，pp.1-33

石橋章市朗（2014）．「第8章　政治学教育をつうじた市民教育の実践」岩﨑千晶［編］『大学生の学びを育む学習環境のデザイン―新しいパラダイムが拓くアクティブ・ラーニングへの挑戦』関西大学出版部, pp.155-172.

岩崎信彦他［編］（1989）．『町内会の研究』御茶の水書房

小川　長（2013）．「地域活性化とは何か―地域活性化の二面性」『地方自治研究』28(1), 42-53.

小田切徳美（2015）．「「田園回帰」と地方創生」『ガバナンス』165, 17-19.

筧　裕介（2013）．『ソーシャルデザイン実践ガイド―地域の課題を解決する7つのステップ』英治出版

河井　亨・木村　充（2013）．「サービス・ラーニングにおけるリフレクションとラーニング・ブリッジングの役割―立命館大学「地域活性化ボランティア」調査を通じて」『日本教育工学会論文誌』36(4), 419-428.

北郷裕美（2015）．『コミュニティFMの可能性―公共性・地域・コミュニケーション』青弓社

國領二郎・プラットフォームデザインラボ［編］（2011）．『創発経営のプラットフォーム―協働の情報基盤づくり』日本経済新聞出版社

木暮健太郎（2011）．「第2世代のガバナンス論と民主主義」岩崎正洋［編］『ガバナンス論の現在―国家をめぐる公共性と民主主義』勁草書房, pp.165-186.

坂本　誠（2015）．「「身近な外部者」である出身者に着目する―「交流人口」から「連帯人口」へ」『地方自治職員研修』676, 38-39.

佐藤　滋（2010）.「まちづくりが問い直す地域マネジメント」『季刊まちづくり』29, 16-24.
滋野浩毅（2014）.「地域力再生における地域と大学連携の意義―「京都府北部地域・大学連携機構」の設立と取組を事例に」『日本地域政策研究』12, 19-28.
白石克孝（2008）.「第 2 章　持続可能な社会と地域公共政策開発システム」白石克孝・新川達郎［編］『参加と協働の地域公共政策開発システム』日本評論社, pp.55-77.
ジンメル, G.／居安　正［訳］（1994）.『社会学―社会化の諸形式についての研究〈下〉』白水社
西垣　通（2013）.『集合知とは何か―ネット時代の「知」のゆくえ』中央公論社
葉上太郎（2010）.「新版図の事情―"縮む社会"の現場を歩く（3）「鳥取県日南町」30 年後に町はあるか（下）」『ガバナンス』111, 78-81.
パットナム, R. D.／河田潤一［訳］（2001）.『哲学する民主主義―伝統と改革の市民構造』NTT 出版
林　昌彦（2014）.「地域活性化政策の再構築」『地方自治研究』29(1), 1-12.
平野智子（2014）.「本質を見据えた取り組みでより効果的な課題解決へ」『まちむら』128, 8-10.
広井良典（2011）.『創造的福祉社会―「成長」後の社会構想と人間・地域・価値』筑摩書房
広井良典（2015）.「自治体・地域の幸福度指標への視点」『ガバナンス』166, 13-16.
古川尚幸・梶脇裕二（2011）.「大学生による地域活性化に向けた取り組みとその教育効果（2）―「むれ源平石あかりロード」を事例として」『香川大学経済論叢』83(4), 195-227.
ペイジ, S.／水谷　淳［訳］（2009）.『「多様な意見」はなぜ正しいのか―衆愚が集合知に変わるとき』日経BP 社
増田寛也・日本創成会議 人口減少問題検討分科会（2014）.「ストップ「人口急減社会」―国民の「希望出生率」の実現，地方中核拠点都市圏の創成」『中央公論』129(6), 18-31.
マッキーヴァー, R. M.／中　久郎・松本通晴［監訳］（1975）.『コミュニティ』ミネルヴァ書房
真野洋介（2010）.「地域創造圏試論」『季刊まちづくり』29, 32-37.
村山史世（2014）.「8　ESD の実践と地域社会の変容―環境教育における実践コミュニティの意義」日本環境教育学会［編］『日本の環境教育第 2 集　環境教育とESD』東洋館出版社, pp.90-96.
森　傑（2015）.「集団移転／復興まちづくりの合意形成とファシリテーション」『ガバナンス』167, 31-33.
山田真茂留（1996）.「価値統合モデルを超えて―組織統合の社会学的メカニズム」『組織科学』29(4), 20-29.
結城登美雄（2009）.『地元学からの出発―この土地を生きた人びとの声に耳を傾ける』農山漁村文化協会
吉本哲郎（2008）.『地元学をはじめよう』岩波書店

渡部　幹・加藤隆弘（2015）.「第7章　信頼生成の社会的基盤と生理的基盤」清水和己・磯辺剛彦［編著］『社会関係資本の機能と創出―効率的な組織と社会』勁草書房, pp.133-158.

Ashby, R. (1960). *Design for a brain: The origin of adaptive behaviour* (2nd ed.). London: Chapman & Hall.

Granovetter, M. S. (1973). The strength of weak ties. *American Journal of Sociology*, *78*(6), 1360-1380.

Gray, B. (1985). Conditions facilitating interorganizational collaboration. *Human Relations*, *38*(10), 911-936.

04 「ひと・まち・であう/つくる」プロジェクトのインパクト効果および評価

第1節　PBLを評価する考え方

　Kirkpatrick（1959）によると，学習活動の評価は次の四つのレベルで行われることになっている。

　まず，レベル1では「学習者の反応（reaction）」をみる。これは，「学習活動の後に実施される学習者の態度に関するアンケート」（ガニェ他，2007：399）などによって一般的には明らかにされる。次のレベル2は，「学習者の成績（learning）」である。つまり「学習者がどれくらいよくインストラクションの目標を達成したかを測定すること」（ガニェ他，2007：399）を意味している。そして，三つめのレベルとして，「学習の転移（behavior）」が置かれている。これは，「学習者が仕事中に新しい知識を使用している程度を検討する」ものである。ただし，「学習と仕事でのパフォーマンスの関係を確立するのが難しいため，このレベルの評価は複雑になる」ということが指摘されている。さらに四つめのレベルである「組織の結果（result）」では，「教育プログラムが成功した場合，組織のパフォーマンスにおいて明らかな向上が存在するかどうかを検討する」ものである。ただし，これも，「特定の教育プログラムがそのような高レベルの影響を持ちうるかどうかを確認することは難しい」という指摘は免れないのである[1]。

　そこで，本書で紹介したPBLをKirkpatrickの枠組みに基づいて，評価を試みた

---

1) 事実，レベル3と4の評価については，専門家が取り扱うような領域となっており，複数の専門書が研究者によって著されている（Jackson（1989）やRobinson & Robinson（1990），邦訳のあるものとしては，ウィルモア（2011）やマケイン（2013）などがある）。

場合，次のような内容が考えられる。

　最初のレベル1では，PBL参加者に対するアンケートやヒアリング調査を通して評価することができるはずである。次のレベル2については，一般的には座学の知識修得程度を想定しているものと思われるが，PBLにおいて，ペーパーテストなどでのチェックは通常なじまない。ただ，地域の問題状況の理解などを例に考えてみた場合，それらをレポートや報告ペーパーなどによって確認するという方法はあるだろう（その他にも，コミュニケーション能力の向上という場合は，課題関係者による学習参加者のデモンストレーションがどうであったかをチェックしてもらうなども考えられる）。なお，レベル1と2については，ここまでの考察においてすでに触れてきたこともあるので，ここでは言及しない。

　そして，レベル3以降は上述の通り，証明することが非常に難しいものとなるが，たとえば，PBLを通じた成果を活用し，他地域の問題に取り組んだ場合，建設的で現実可能性の高い解決案としてどのようなものが提案できるのかという見方はされてよい。具体的には，後述の通り，各種政策フォーラムなどにおけるパフォーマンスや第三者による評価を通じて，このレベルの確認はできるかもしれない[2]。

　最後のレベル4については，実際に地域や大学組織が変わったのか，そして，それらの改革を促し，大きなインパクトを与えるほどの人材育成ができたのかといったことになるだろうが，これは数年の取り組みの中だけで，ましてや，単一のPBLによって評価することは難しいだろう。ここでは，本書で紹介したPBLを通じて，現実に起きた変化について記述することとしたい[3]。

---

2) マケイン（2013：129-130）は，レベル3の「トランスファー：学習転移」のガイドラインとして，「トレーニングの事前と事後で分析を行う」ということを挙げているが，たとえば，PBLに参加する前後でのフォーラム成績（受賞対象となったかどうか）などを比較してみることも一案としてはありうる。事実，本書で紹介したPBLも，2010年度の本格化以降において，参加した学生たちは初受賞を果たしている（本章の第2節「PBL参加学生に訪れた変容」を参照のこと）。

3) マケイン（2013：173-176）でも述べられているように，本来は，「コントロールグループ」（統制群）によって，組織へのインパクトなどを探るべきだが，教育分野においては，倫理的にも調査が難しい。そもそも，PBLを実施したグループとそうでないグループにわけて，そのパフォーマンスの差を読み解くということはあまり意味のないことである。ただし，当該PBLに最後まで参加した人と，途中で離脱もしくは最初からそもそも参加していなかった人との間にどういった違いが生じたのかを比較し考察することは可能である。

第2節　PBL 参加学生に訪れた変容

　PBL の PDCA サイクルの，C から A に該当する部分について，筆者は，先述したように外部評価を活用している。また一般市民を対象とした講演会や職員向けの研修会，そして，フォーラム・シンポジウムにおけるパネリストなど，これらはいずれも，学生にとっては自己の成長と，PBL を省察し，次なる展開を考えていくための機会となるということも紹介した。ただ，これらは好意的に聴講してくれる方が多いため，学生が何か地域貢献などを行っているというだけで，高い評価をしていただく場合もある。そこで，よりきびしく批判的な考察を加えてくれる場所がないか，また，同じように，地域をフィールドとして活動している学生やゼミと競い合って学び合える機会がないか探してみたところ，京都府京田辺市や北海道登別市における地域主催の政策フォーラムや日本公共政策学会主催の学生フォーラムという取り組みがあることを知った。

　これらの取り組みの趣旨を，京田辺市のものを例に挙げておこう。

> 本フォーラムは，全国の大学生や大学院生が京田辺市に集い，政策を多角的に議論するとともに，政策の実施プログラムを作成し評価する，一連の政策過程を射程に入れた「まちづくり政策議論」の必要性を発信し，京田辺市を始め，全国の自治体の活性化に寄与することを目的として開催するものです[4]。

　このように学生フォーラムの取り組み自体も PBL であることは多い。ともあれ主催自治体（地域）を一つの問題をもったフィールドと捉え，そこから抽出・設定した課題を解決するための学生のアイデアを評価するというのが，一般的な政策フォーラムである。上述のいずれのフォーラムにおいても，学識者や自治体幹部職員，地域活動団体代表者や公募市民などがその審査にあたり，「主張の明確さ」「論理的整合性」「独創性」「具体性・実現可能性」「プレゼンのわかりやすさ」「表現の適切さ」などのような評価ポイントで，各大学の提案内容が順位づけられることになっている[5]。

---

[4] 京田辺市市民参画課「全国大学まちづくり政策フォーラム」〈https://www.kyotanabe.jp/soshiki/4-10-0-0-0_9.html（最終確認日：2018年12月5日）〉を参照のこと。

[5] たとえば，公共政策学会の場合は一万字のフルペーパーの事前提出が求められ，それと当日のプレゼンがあわせて評価されることになっている。日本公共政策学会〈http://ppsa.jp/nenpotaikai.html（最終確認日：2018年12月3日）〉などを参照のこと。

PBLを通じた菅原東校区や南山城村での取り組みが，決して独りよがりではなく，個別的な一事例でもなく，そこでの仕組みや仕掛けが，活性化やまちづくりに関して普遍的かつ一般的であると省察し，証明し，説得していくことが，こういったフォーラムでは問われてくる。パワーポイントの見せ方や，プレゼンテーションのうまさといった，もちろんテクニカルな部分も重要で鍛え上げられていくことになるが，問題の気づきや構造化，課題の設定，そして，解決アプローチの立案と実現可能性への練り上げ，さらに波及効果の検討などに至るまで，いわゆる「政策形成能力」といったものが伸ばされていくことになっている。

　したがって，各種フォーラムで受賞できるということは，各個人への評価はもちろん，PBLとして取り組んだことに対する組織的な褒賞によって，正のスパイラルを生み出していくことにもなっている。

　これまでのフォーラム参加・受賞実績については表4-1の通りである。

■ 2-1　PBL（プロジェクト活動）に対する外部からの講演依頼（地域側の評価）

　2014年2月には，PBLに参加した学生たちの地域活性化活動が注目を集め，枚方市のNPO団体「ひらかたまちづくりプロジェクト」（通称「ひまプロ」）から，「学生が地域活動することで地域に与える影響と効果を知りたい」という依頼を受け，発表を行ったこともあった（2013年2月には，枚方市内の他の小学校区から，菅原東校区におけるプロジェクトの取り組みを学びたいと招聘されたこともあった）。

　そこでは，プロジェクトの発展の経緯や菅原東校区と南山城村をつなぐ活動，地域と学生の関わり方などについて学生たちが報告し，「ひまプロ」の大人たちに対して，「地域づくり」は「人づくり」にあるという経験則を述べていた。自分たちのようなワカモノ・ヨソモノが地域に入ることで，それが呼び水となって新たな人材が発掘され，育っていくということと，地域住民の方々からはその土地の資源を学ぶことができており，そのことの外部発信やPRは私たちに期待されていることが大きく，効果もあるという内容であった。

　この他，2013・14年の3月には，門真市主催で行われた市民向けの教養講座「かどま市民講座」においても報告の機会を得ている。2013年には，「市民と学生でつくる新しいまちづくり」というタイトルで，前述の南山城村で新聞にも取り上げられた根岸昂生さんからプロジェクトの活動発表が行われ，その後，市民と学生の5グループに分かれたワークショップが開かれた。テーマは「門真市が〇〇だったらいいのになぁ」というもので，「ウィッシュ・ポエム」[6]という形式を使い，〇〇に

04 「ひと・まち・であう/つくる」プロジェクトのインパクト効果および評価

表 4-1　各政策フォーラムへの参加実績など（出所：筆者作成による）

日時	名称・概要	参加数	受賞の有無
2010年 3月11-13日	「第4回全国大学まちづくり政策フォーラム in 京田辺」 2チームに分かれ、「京田辺の文化継承——学ぶ・楽しむ・繋ぐ」と「大学連携によるまちづくり」というテーマで政策提言	6大学 15チーム	受賞なし
2010年 9月1-3日	「第5回全国大学政策フォーラム in 登別」 1チームが参加し、「学生と地域住民による「小さな自治」の実践」というテーマで政策提言	8大学 15チーム	受賞なし
2011年 3月6-8日	「第5回全国大学まちづくり政策フォーラム in 京田辺」 2チームに分かれ、「その時まちは動いた——京田辺からの「協・多・鍋」」などのテーマで政策提言	5大学 14チーム	NPO法人政策マネジメント研究所賞 （大阪国際大学初受賞）
2011年 8月30日- 9月1日	「第6回全国大学政策フォーラム in 登別」 2チームに分かれ、「結いでつくる登別」などのテーマで政策提言	7大学 13チーム	NPO法人政策マネジメント研究所賞
2012年 3月4-6日	「第6回全国大学まちづくり政策フォーラム in 京田辺」 1チームが参加し、「絆で育む地域防災——KTB42」というテーマで政策提言	3大学 9チーム	優秀賞
2012年 8月28-30日	「第7回全国大学政策フォーラム in 登別」 1チームが参加し、「未来予想図——Dreams come true——20年後の登別」というテーマで政策提言	7大学 11チーム	受賞なし
2012年 10月27日	「日本公共政策学会 学生政策コンペ」（公共政策フォーラム in 篠山）1チームが参加し、「小規模単位の「コミュニティ力」向上に向けて」というテーマで政策提言	21大学 21チーム	受賞なし
2013年 3月3-5日	「第7回全国大学まちづくり政策フォーラム in 京田辺」 2チームが参加し、「通学路の安全安心——ロールケーキの気づき」等というテーマで政策提言	6大学 15チーム	特別賞
2014年 3月2-4日	「第8回全国大学まちづくり政策フォーラム in 京田辺」 2チームが参加し、「普賢寺地域の今と将来を考える——ヨソモノによる普賢寺地域の活性化」等というテーマで政策提言	7大学 15チーム	NPO法人政策マネジメント研究所賞
2014年 10月25日	「日本公共政策学会 学生コンペ」（公共政策フォーラム in 京丹後）1チームが参加し、「"じげ"と"ヨソモノ"による地域間交流」というテーマで政策提言	20大学 27チーム	受賞なし
2015年 2月27日- 3月1日	「第9回全国大学まちづくり政策フォーラム in 京田辺」 2チームが参加し、「大都市近郊における魅力あるまちづくりとは」等というテーマで政策提言	6大学 13チーム	受賞なし
2016年 2月28日- 3月1日	「第10回全国大学まちづくり政策フォーラム in 京田辺」 1チームが参加し、「あんしんしてくださいしげんですよ！——空き家とひとが活きる京田辺」というテーマで政策提言	9大学 17チーム	受賞なし

備考：たとえば、2016年までの「全国大学まちづくり政策フォーラム in 京田辺」において、同志社大学の受賞回数は群を抜いているが（13回）、日本大学の10回に次いで大阪国際大学と京都府立大学は4回となっており、他参加大学を上回っている。同志社や日本大学の規模を考えれば、大阪国際大学の健闘ぶりがうかがわれるだろう。

該当する門真市における自分自身の夢や願いを多様な観点で出し合い，模造紙に付箋を使ってまとめあげ，各グループの学生コーディネートにより門真市の未来像を作りあげていった。

そして，2014年の3月には，「ワカモノ・ヨソモノによる交流型教育の実践―枚方市菅原東校区・京都府南山城村における事例考察をもとにして」と題して，当時4回生だった松田達磨さんと三登康太郎さんの両名から考察報告を行ってもらった。その発表では，活動地域の菅原東校区や南山城村において，自分たちは「ヨソモノ・ワカモノ」として位置づけられていた。地域側にとっては，彼／彼女らのアイデアやマンパワーを活用し，活性化に結びつけることができているし，また，学生側においても，実践研究や講義知識の活用の場として取り組み，さまざまな仕事に役立つ能力（企画力やコミュニケーション能力など）の向上ができているということを述べていた。このように，地域と大学は連携し合い，共に成長すべきであるという結論が見出されていたが，とくに，両地域においては，子どもたちを媒介にしてさまざまな仕掛けを試みていることから，小学生にとって自分たち学生は「ナナメの関係」にあり，親や教師といったタテの関係とは違ったコミュニケーションを図ることができているため，子どもの成長にとっても有意義であるといったことも報告されていた[7]。筆者自身，プレゼンテーションの技術や，パワーポイントの整理方法などについてアドバイスはするものの，PBLに参加した学生自身が自らの活動成果から得た含意については，強く感心し，座学や講義では到達できない知恵や知識を身につけてくれていると評価しているところである。

ところで，こういった外部におけるプレゼンテーションの機会や報告の場が与えられることの意義は多岐にわたっている。PBL一般に関しても，欠かせないものであろう。今となってはこちらからとくに働きかけをしなくても，当該PBLに関しては講演や報告のオファーがあるが，PBLを企画し推進する立場にある者としては，必ずデザインの中に含んでおきたい。

なお，PBLについてのプレゼンテーションの機会が与えるもっとも重要な意義は，

---

6) これは，ワークショップなどで，ビジョンや目標を共有するために用いられる技法だが，詳細は，堀ら（2007：108）を参照されたい。
7) タテでもヨコでもない，ナナメの関係から学び，成長していく意義は大きい（上阪，2010）。このことは，第2章菅原東校区事例における，住民アンケート調査からも評価されていた点であった。

PBL全体の「ふりかえり＝省察」（自分たちは何のためにPBLを推進し，どのゴールへもっていこうとしているのかや，PBLを通じ，どういった学びを得ているのかなどを見つめ直すこと）の場や機会が与えられるということである。

　もちろん，まったく活動内容について知らない，あるいはまったく興味関心もない他人に対して説得できるように説明を行い理解してもらうには，そのために必要なプレゼンテーション能力やパワーポイント・資料作成能力，ストーリーテリングや論理構成力などが求められる。このこと自体が，課題（困難）を乗り越えるためのトレーニングを必要とすることから，参加学生における当該能力の伸長は非常に大きいものとなっている[8]。そして，仮に（相手方の）理解が促進されたとしたなら，PBLや大学自体のPRに成功したことになり，このこと自体の意義も重視すべきだろう。

　しかし，これら以上に大きいものが「内省」という営為が生じるという過程である。他所での発表・報告の機会は，PDCAサイクルでいうところの，「Do」の実践，まさしくプレゼンテーションを実際に他人の前でやらせてもらえるというかけがえのない時間の提供である（その前の資料準備などとして当然「Plan」がある）。そして，そのDoによって，聴衆は，意見や感想・批判を寄せてくれる。これが外部からの「Check」である。参加学生は自分たちの行ったプレゼンテーションと外部からの評価を踏まえて，改めて，自分たちの活動について省察行為を生起させることになる。このことが，PBLを改善していく大きなポイントである。活動の途中での「ふりかえり」については先述の通りであり，そこにおける大学教職員の果たす役割は大きいし，地域側の課題関係者についても同様である。ただ，ややもすると，PBLに参加した学生たちに伴走している者には，みえにくくなっている観点は数多くある。PBL参加学生自身が，「ヨソモノ」として絶えず外部からの気づき（内部からでは気づけないことなど）を与え続けているように，こういった外部評価の機会を定期的に取り入れ，新たな「Action」へつなげるなど，活動のブラッシュアッ

---

[8] たとえば，石橋（2014）の実践も同じ文脈でみることができる。石橋は，「発展演習」（関西大学法学部）という2年次配当の演習科目において，普段は「習う」立場にある受講生たちを中高生らに「教える」立場におくことによって，主体的な学習を促すことに成功しており，参考になる。結局，他の誰かに「教える」ことで，ようやく知識は定着するということなのだ（ラーニングピラミッド（Learning Pyramid）の理論（Letrud, 2012）も参照されたい）。なお，同じコンテクストでいえば，「学生発案型授業」によって，学習意欲を高める工夫も各大学で進行しつつある（2014年10月3日付『朝日新聞』朝刊記事参照）。

表 4-2 外部での主な講演など一覧 (初出のみ,本書ですでに紹介したものは除く;出所:筆者作成による)

2011年2月2日	兵庫県の若手職員が集まり語り合う「元町カフェ」にて,菅原東校区での取り組みと,南山城村での活動について講演
2011年2月2日-3日	兵庫県市町職員研修会へ参加し,グループワークの中でプロジェクト活動を報告
2012年2月1日-2日	兵庫県市町職員研修会へ参加し,グループワークの中でプロジェクト活動を報告
2012年3月7日	枚方市コミュニティ連絡協議会主催の「コミュニティ・シンポジウム」に参加し,「若い世代に期待する地域活動」をテーマにパネルディスカッションが開催され,学生などのワカモノ・ヨソモノを組み込んだ協働型のまちづくりシステムを提言
2014年8月22日	第28回自治体学会富山高岡大会にて,活動内容をポスターセッション発表
2015年8月22日	第29回自治体学会奈良大会にて,活動内容をポスターセッション発表
2017年8月26日	第31回自治体学会山梨甲府大会にて,活動内容をポスターセッション発表

プを図っていくべきなのである[9]。

　なお,あと一つの意義としては,外部からのオファーがくるということに関して,自分たちのやっていることに対するプライドや誇り,愛着心といったものを生み出しているということである。外部からの活動に対する期待を,次期 PBL を推進していくエネルギーに変えていく。そういった好循環のプロセスを経ていくことも,PBL をプロデュースする側としては必要なことかもしれない。

　蛇足だが,外部で行われた主な講演については表 4-2 の通りである。

■ 2-2 小　　括

　当該 PBL を通じた,能力や意識面の変容などにおける学生らの自己評価はおおむね次のようであった[10]。

---

9) このことは,アイエンガー (2010：159-164) のいう文脈と共通性をもつ。すなわち,「情報に基づく直観」(PBL でいくと,ヨソモノ・ワカモノが対象地域を観察する視点) を養うには,「たえず自らの行動を観察し,批判的に分析し続け」「何がまずかったのか,どうすればよくなるのか」を,繰り返し「自問自答」するしかないのである。
10) 各年度末に提出させている学生のふりかえりレポートから,共通的な評価を抽出し,筆者が整理した。

- 普段の授業で学んだ内容を実践できる場が得られており，その取り組みを通じて，「地域問題への関心」が惹起されたり，「公共性」の認識が深まったりしている。
- 企画書や報告書・依頼書を書くことにより，社会に出て必要な文章作成能力が向上している。
- さまざまな人と話すことにより，コミュニケーション能力が向上している。
- 企画などを自分たちで行うため，新たなことにチャレンジする精神が育まれている。

なお，本書執筆時点でのPBLリーダーである佐藤寿希さん（2017年現在：グローバルビジネス学部4回生）に対するインタビュー[11]（2017年12月9日実施）内容を紹介し，学生が変容した一つのケース例として提示しておきたい（次頁表4-3；波線部は筆者）[12]。

この他，2014-15年度PBL参加学生の卒業前に実施したインタビュー（2016年3月7，8日実施）でも，同様に積極的な反応が得られていた。

なるほど，本書を通じてみてきた「地べたのPBL」は協働を志向していることから，参加学生同士，ましてや世代の異なる地域住民の方とでは，主体間の葛藤はつきものである。そして，そういった葛藤を解消しなければ，協働はうまくいかない。そのため「積極的傾聴力（active listening）」や「共感力（empathizing）」が，個々人のもつべき重要なスキルとして挙げられてくることになる（Williams, 2002）。2016年のインタビューによると，前者に関しては，「傾聴できるようになった」「傾聴の大切さも理解した」と述べる学生がおり，後者については，「地域愛が増えた。自分の地域が好きになった」「リーダーでありながら，他のメンバーと同じ目線でモノゴ

---

[11] インタビューの質問項目については，ゲルモン・ホランドら（2015：62）を参考に作成した。
[12] 「1. 地域社会からの学び」「4. 大学教員以外からの学び」における菅原東校区の宮原さんらに対する思いをあわせて読み解くと，結局，佐藤さんにとっては，「人は信頼に値し，そのつながりをもって，いろんなコトに向かっていけばよい」ということを学んだということなのだろう。枚方市菅原東校区と京都府南山城村のPBLは，彼にとってまさしく「信頼のネットワーク」（クリスタキス・ファウラー，2010：359）そのものであったに違いないのだ。

表 4-3　佐藤寿希さんインタビュー内容（2017 年 12 月 9 日実施）[12]〈波線部は筆者〉

1. PBL や地域社会からは何を学んだか
菅原東校区と南山城村の PBL に 1 回生から 4 年間関わっているが，まず，前者においては，宮原保子さんからいろんなことを学んだ。たとえば，てらこや友遊での子どもたちを相手にした立ち回り方や接し方，地区の毎月一度行われている定例会では，人前で話すことや話の捌き方などについてだ。自分自身，高校までは人と話すことや，ましてや，先頭に立って話すことは苦手だったが，それが苦ではなくなった。てらこや友遊では，いつも子どもたちに見られているという緊張感があって，そのプレッシャーを重ねていくことで，何事にも動じない自分を確立することができた。とにかく，小学生は人をよく見ている。ファーストネームで呼びかけたり，一人一人に誠意をもって関わると道は開けるということも学んだ。また，一人で学生だけで行き詰った時は，周囲の地域の方が違う道を示してくれた。PTA やコミュニティ協議会などの方と議論することで，新たな方法や考えも見出すことができた。結局，人間関係のなかで，つながりの大切さを学んだ[12]。南山城村の PBL からは，最初，先輩についていくのが精一杯だったが，3，4 回生になってくると，モノゴトを考えて取り組めるようになってきたし，後輩に繋いでいくというリーダーシップのようなものも身についてきた。高校までの自分では足りなかったことが，こういった活動で得られている。あと，南山城村では，狭い地域社会であるがゆえに，モノゴトの順番を違えてはいけないという事を学んだ。地域には地域のルールがあって，それに則るかたちで，話をつけていく必要性を知った。
2. PBL を通じて不安や心配は何かあったか
ゼミとは分離した活動で，とにかく両地域からよくしてもらっているから，この PBL を続けていかないといけないというプレッシャーは常に持っていた。誰でもいいというわけではないが，新しい人を集められるかという不安や心配はある。あと，地域の人は大人だから，失礼のないようにという思いは持っている。失敗から学ぶことも多いが，後輩を積極的に表へ立たせて，大人の方とのコミュニケーションを学ばせないといけないとも感じている。
3. この PBL を通じた自身の変化，PBL の経験を受けて，今後今までとは何か違ったことをするか
おそらくこの PBL に参加していなければ，自分の住む地域への想いはあまりなかったように思う。社会人になっても，時間をみつけて何かに参加してみたいと考えている。また，この PBL 自体にも，卒業してからも，後輩の活動を見に来たいと思った。菅原東と南山城村とのつながりは，卒業して終わりというものではなくなった。4 年間の PBL で何か大きなことを成し遂げたわけではないが，通常の学生生活では得られない体験をさせてもらったことは事実で，得たものを今度は地域に還元していきたいと思っている。高校生活までの自分ではとにかく考えられない心境の変化をもらった。
4. 大学教員以外の方からは何を学んだか
主に宮原さんからかなと思う。てらこや友遊に毎週末参加して，ぶらっとホームにも行って，バスの待ち時間や昼ご飯を食べながら，いろんな話をしてもらった。宮原さんは地域の代表として，何一つ手を抜いていなかった。そういうふうに自分も活動していきたいと思った。3 回生の時は独りよがりになっていたが，宮原さんに相談していく中で，根気よく説明し，いろんな人を巻き込んで活動していくことが大事と学んだ。その後，ゼミの中でパートナーを得て，後輩にも接し方を変えて，PBL を動かしていくことができた。人をその気にさせていくこと，話し方や魅せ方，声のかけ方など様々に学んだ。背中をみて学ぶ，背中をみせて学ばせるということは大切なのだろう。
5. この PBL について，今後変えていくべきことはあるか
お金のことを気兼ねなく活動できるようにしてほしい。交通手段も南山城村の場合は大変だから，そのことの考慮も必要だろう。あと，地域の方からももっと意見が欲しい。そのことで PBL 全体も，関わる人ももっと成長できるだろう。それと，人員不足は常にあることだが，そのことも考えないといけない。

トを見ること」と答えているように、当該 PBL はそれらスキル獲得の一助となっていることがうかがわれている。

第3節　地域社会への影響

PBL を通じた地域社会へのインパクトを、当事者の地域側はどのように評価しているのか、すでに触れた内容以外で、高尾地区の手島さんのインタビュー[13]（次頁表 4-4）も交え、整理しておく[14]。

- イベント実施や祭りの伝承を学生たちが担ってくれることで、地域に活気が出ている。
- 学生（ヨソモノ）が入ることにより、地域に変化が起こっている[15]。たとえば、現地で「あたりまえ」のことが実は魅力あるものであったり、地域の課題を指摘してくれたりしている。
- 今までにない斬新なアイディアがもたらされている。
- 外部（資源）とのパイプやネットワークができている[16]。

---

13) インタビューの質問項目については、ゲルモン・ホランド他（2015：146）を参考に作成した。
14) 枚方市菅原東校区においては、毎年行われているふりかえりワークショップでの地域住民意見を、南山城村においては、高尾会議参加者の評価や気づきを参考に、筆者が整理した。
15) ここでは再び、「高尾会議」での参加者変容を思い出しておきたい。同会議を始めた当初は、役場への苦情を述べたり、他地区（住民）をうらやむことやすがることの多かったように受け身的な存在であったのだが、学生との協働を通じ、まちづくりの主体として歩み始めていることがうかがわれていた。PBL に参加する学生の登場は、少なからず、住民自治へのさざ波を起こしているのではないか。
16) 地域住民を取り巻くネットワークは、閉鎖的なままでは、人口減少度以上に、急速に減少することが指摘されている。たとえば、人口が 5 人の地区においてネットワークは 10 通りだが、4 人になった場合、6 通りに減少してしまう。結局、ヨソモノなどと連帯し協働しなければ、地域運営が成立しないことが想定されてくるのだ（「第 1 章　島根県中山間地域における集落現状と国土施策創発調査の概要」〈http://www.mlit.go.jp/common/000025366.pdf（最終確認日：2017 年 12 月 5 日）〉3 頁より）。

表 4-4 南山城村高尾地区・手島光司さんインタビュー内容
(2017 年 12 月 9 日実施)〈波線部は筆者〉

1. ご自身が，高尾地区の PBL に関わったきっかけは何だったか
2011 年 9 月に，学生らが高尾地区で，公民館を会場としたワークショップとフィールド調査をやっていた。その時に，学生らがインタビュー調査に訪ねて来て，その成果披露を観に，妻と訪れたのがきっかけだった。
2. 高尾地区 PBL に参加したご自身の想いはどのようなものか
自分自身，都会から移住して田舎暮らしを楽しんでいるが，どうも，都会人からすると，田舎は不便に映っているようだ。そして，田舎に足を向けない人も多いようだ。もう少し落ち着いて田舎と向き合ってほしいというか，その魅力を内側から見てほしいと思い，学生たちや子どもたちを通じてそれができないかと考えた。そのために，自分自身は都会と田舎の中継ぎになろうと考えた。たとえば，学生や子どもたちと一緒になって，田植えをしたり，その時にご飯を釜で炊いて，お焦げ付きの米や高尾で採れたイノシシ肉を使った汁を食べてもらうことで，田舎の魅力を学生や子どもに感じて体験してもらえればと思ってやっている。田舎は人間の生きる力の原点で，都会はむしろそれを削いでいる。生きる力は何もない中でほっておかれた時に目覚めるものだから，そのことを少しでも目覚めさせ感じ取ってもらいたい。
3. ここまでの PBL 関連の成果ですが，何を期待していたか。期待していたことと違っていることはあるか
残念だったのは，子どもたちの引率で都会の保護者層がもっと来ると思っていたのだが，それが叶っていないことだ。働き盛りの親たちが南山城村に来ることで関心をもって，休耕田を使った野菜作りなどを始めてくれればいいと思っていたが，そこには繋がっていない。枚方市の住民と一時期，「菅原東農園」に取り組んだが，そういう考えから始めたものだった。高尾地区の子どもたちと都市部の子どもたちとの交流も，こちらの問題もあるが，最初だけであとは続かなかった。自分自身，高尾地域と都会がうまくつながればという思いで，活動に関わっているが，畑や田圃，その他の自然，わざわざここでしかできない体験を，この場所で積んで色々と考えてほしいという期待はこれからも変わらない。
4. 当該 PBL の地域に対するインパクトや恩恵があれば教えてほしい
参加者は少なくなったりもしているが，「高尾会議」が続けられていることでしょう。あと，学生が新聞発行をして活動や地域の広報をしてくれていることもよいことだ。「薫笑庵」が作られたことも恩恵の一つで，大学や学生の存在をかなりの人に知ってもらうことになっている。
一方で，高尾地区の人はほとんど変わっていないと思う。その理由としては，大半の地区住民が何世代にもわたって，お茶を生業に，この土地に住んでいる。当然，生業基本の生活で，大学や学生にそれを向上してもらえる，つまり生活の改善は期待していないし，それを求めるものでもないと考えているからだ。だから，大学や学生への期待としては，「高尾会議」でイベントの意見をもらったり，茶摘みや祭りなどの年中行事のお手伝いということになる。「高尾会議」にしても，学生は毎年入れ替わり，活動の軽重は生じているから，その時の学生の引っ張りに委ねざるをえないことはあるだろう。繰り返しになるが，生業が中心でそこをどうするかということが大切だから，「高尾会議」などを通じて，自分たちが変わっていこうとはしないのかもしれない[17]。
ただ，子どもたちがいない地域だから，学生との活動の中で，年間を通じ，子どもたちが来るようになっていることはみんな喜んでいる。我が家の隣のおばあちゃんは，「子供らの声が聞こえてよかったなあ」といつも来るたびに言っている。

表4-4 南山城村高尾地区・手島光司さんインタビュー内容（つづき）

5．PBLを通じた学生たちの変容をどのように捉えているか
総じて素直で生意気なところがない。物足りなさは，自分たちで工夫してというところが見られないかな。まあ，農作業にしても初めてのことだから，言われてやるということは当たり前なのかもしれないが。でも，素直だから，色んなことを受け止めてやってくれているように思う。たとえば，自分たちで休耕田をおこして，サツマイモやサトイモづくりをやっているが，先ほども述べたように，生きる力が高まってきてくれているのではないかと感じている。都会のコンビニ暮らしでは決して身につけられないことだろう。
6．PBLや大学が変えるべきことは何かあるか
大学として，薫笑庵を建てたのだから，このPBLだけではなく，色んな使い方をしてほしい。ゼミ合宿も然りだが，教職員の人たちが個人的に遊びに来たり，週末暮らしで，休耕田を活用した畑作りをやってもいいだろう。生活圏から離れたこういう場所でのんびり暮らす。これが自然な村との繋がりと思う。組織団体同士の連携は難しいが，個人として田舎に入って活動していく。こういうことの積み重ねが地域を変えていくかもしれない。

第4節　大学組織への影響

　大学が研究成果や人材を地域に役立てる「地域貢献度」について，日本経済新聞社産業地域研究所が毎年秋ごろ，全国の大学を対象に調査をしているが（日経グローカル「全国大学の地域貢献度ランキング」），これをPBLの効果検証に使うという方法が考えられる。無論，一つのPBLプログラム自体の成否によって，大学全体の地域貢献度が浮き沈みするようなことは考えにくいが，それでも，それを一因とした当該大学における地域との連携・協力姿勢（傾向）をうかがい知ることはできよう。数字一つによって一喜一憂するわけではないが，大学の自己評価ではなく，外部の評価主体によるものとして，こういった調査は活用されてよいはずだ。

　そこで，大阪国際大学の地域貢献度ランキングを初登場した年から追っておくと，表4-5のようになっている。

---

17) 同じ南山城村の北部に，明治維新以降に開拓された童仙房（どうせんぼう）という地域があるが，ここも同じく別の大学が長年にわたって関わっており，地区住民自身が郷土史の聴き取り調査に協力しながら報告会のような場で経験や知見を共有し合うという生涯学習アプローチを仕掛けることで，住民の主体者意識の涵養に成功している（新出，2017）。こういった教育的デザインを「高尾会議」などにおいても企図する必要があるのかもしれない。結局，地域社会のステークホルダーを学習環境にきちんと巻き込み，質を保証していくような生涯教育との接続が，次代のPBLのデザインには求められてくるのだ。

表 4-5　大阪国際大学の地域貢献度ランキング（2011 年 -2017 年）

	2011 年	2012 年	2013 年	2014 年
総合順位（全調査大学中）	97	73	111	71
得点（100 点満点）	53.9	57.0	50.9	50.95

	2015 年	2016 年	2017 年
総合順位（全調査大学中）	88	実施なし	66
得点（100 点満点）	48.2	実施なし	53.5

出所：いずれも「全国大学の地域貢献度ランキング」（『日経グローカル』2011 年 11 月 21 日，2012 年 11 月 19 日，2013 年 11 月 18 日，2014 年 12 月 1 日，2015 年 12 月 7 日，2017 年 11 月 6 日〈2016 年調査は実施されなかった〉発行）から抜粋し，筆者作成。
備考：調査大学数は 2011 年度で 731 大学，2017 年度は 748 大学と増えてきている。

　2010 年以前にも当該調査は行われていたが，当時は実績が積み重ねられておらず，2010 年の「ひと・まち・であう／つくる」プロジェクトの開始後，その 1 年半後の調査から，ようやく意味のある回答を大学として行うことができるようになったということである。このことからもわかるように，中小規模の大学（全学生数が 5,000 人未満規模）であるならば，たった一つの PBL プログラムであっても，全学の地域貢献を牽引すること（組織体として，地域連携に対するムードや文化を醸成してい

---

18) 大阪国際大学では，2018 年 4 月 1 日より，新しく「経営経済学部」を立ち上げ，地域志向型の学びを深化させようと企図しているが，地域貢献度の調査項目である「地元就職率」の向上や「地域経済分析システム RESAS」を活用した取り組みなども展開したいと考えている。
19) 新しい学部には「経営学科」と「経済学科」が置かれ，六つのコース制が敷かれることになっており，いずれも現場での実践教育を重視しているが，とくに，本書で紹介したような PBL 成果を引き受け発展させていくような「地域みらいづくりコース」が設けられたことは，大学組織に対する一つのインパクトを与えたといえるであろう。
20) 部門別で確認したように，当座，企業などとの開発研究系の PBL を生んでいくことが一つの方向性になるが，「ひと・まち・であう／つくる」プロジェクトに関しては，地域に入り込むサービスラーニングやインターンシップを導入として，一定の地域貢献を果たしているという評価をみてとることができるのである。
21) ちなみに，2015 年も長野大学は私立大学部門 1 位であった。なお，2017 年 4 月 1 日に上田市を設立団体とする公立大学法人長野大学として生まれ変わっている〈http://www.city.ueda.nagano.jp/kikaku/h29naganouniv.html（最終確認日：2018 年 12 月 11 日）〉。

くこと）は可能である。同じような立場にある教職員の方々は，そういった気概を
もってのぞんでもらえれば幸いである。

　さらに，日経グローカルの調査では，全体ランキングにとどまらず，部門ごとに
も点数を割り振って集計してくれているので，調査終了後に当該大学においてどこ
の分野が弱いのか自己分析が可能なものになっている。全体ランキングだけに一喜
一憂するのではなく，こういった部門ごとの分析を，PBL の企画・改善にぜひとも
活用していきたい。

　大阪国際大学の場合は，【大学の組織，制度に関する設問】【学生・住民に関連す
る設問】【企業，行政などに関連する設問】【グローカルに関連する設問】の 4 分野
のうち，ここ 6 年の傾向は非常にはっきりしている。それは，弱みについては「学
生」「企業等」の 2 分野の得点率が例年，40-50％と低く，「社会人学生の受け入れ
増加」や「企業等と連携した研究」が今後の課題として指摘されている[18]。そして，
強みについては，「大学の組織，制度」となっており，調査全大学の平均点が 8-10 点
前後のところ，12-15 点のスコアを示すなど，得点率も 70％を例年超えている。こ
れはいうまでもなく，PBL（プロジェクト）活動の牽引が一因として評価されてい
る[19]。

　これらのことからわかるように，大阪国際大学のような中小規模大学にあっては，
PBL の評価に関して，一つは地域貢献度ランキングなどによって位置づけを探るこ
とが適当であるし，そのことが励みにも改善材料にもなるということである[20]。

　なお，長野大学などは，私立大学部門での地域貢献度が 4 年連続第一位（2010-
13 年）であることを，ブランド力強化に結びつけていたが（『地域連携センターニ
ュース』（長野大学地域連携センター）2014 年，Vol.10 を参照）[21]，大阪国際大学
も，私立大学という範疇でみれば，2017 年調査によると，全国第 15 位で，近畿圏
や立地する大阪府内ではさらに上位にくることになっている。

●引用・参考文献
アイエンガー，S.／櫻井祐子［訳］（2010）．『選択の科学―コロンビア大学ビジネスク
　ール特別講義』文藝春秋
石橋章市朗（2014）．「第 8 章　政治学教育をつうじた市民教育の実践」岩﨑千晶［編著］
　『大学生の学びを育む学習環境のデザイン―新しいパラダイムが拓くアクティブ・ラ
　ーニングへの挑戦』関西大学出版部，pp.155-172.
ウィルモア，J.／中原孝子［訳］（2011）．『HPI の基本―業績向上に貢献する人材開発の

ためのヒューマン・パフォーマンス・インプルーブメント』ヒューマンバリュー
上阪　徹（2010）．『「カタリバ」という授業―社会起業家と学生が生み出す"つながりづくり"の場としくみ』英治出版
ガニェ, R. M.・ゴラス, K. C.・ウェイジャー, W. W.・ケラー, J. M.／鈴木克明・岩崎信［監訳］（2007）．『インストラクショナルデザインの原理』北大路書房
クリスタキス, N. A.・ファウラー, J. H.／鬼澤　忍［訳］（2010）．『つながり―社会的ネットワークの驚くべき力』講談社
ゲルモン, S.・ホランド, B. A. 他／山田一隆［監訳］（2015）．『社会参画する大学と市民学習―アセスメントの原理と技法』学文社
新出洋子（2017）．「「他者」たちが集まり未来を紡いでいく」『JOINT（公益財団法人トヨタ財団）』25, 18-21.
堀　公俊・加藤　彰・加留部貴行（2007）．『チーム・ビルディング―人と人を「つなぐ」技法』日本経済新聞出版社
マケイン, D.／霜山　元［訳］（2013）．『研修効果測定の基本―エバリュエーションの詳細マニュアル』ヒューマンバリュー

Jackson, T. (1989). *Evaluation: Relating training to business performance*. San Diego, CA: Pfeiffer.
Kirkpatrick, D. L. (1959). Techniques for evaluating training programs. *Journal of the American Society of Training Directors, 13*, 3-26.
Letrud, K. (2012). A rebuttal of NTL Institute's learning pyramid. *Education, 133*(1), 117-124.
Robinson, D. G., & Robinson, J. C. (1990). *Training for impact: How to link training to business needs and measure the results*. San Francisco, CA: Jossey-Bass.
Williams, P. (2002). The competent boundary spanner. *Public Administration, 80*(1), 103-124.

05 おわりにかえて

　本書のここまでの内容を通して，対象地域，プロセス，アプローチなどの違いがあったとしても，PBL という枠組み，教育フレームが，参加学生を育てるのに役立つ取り組みであるということは感じていただけたのではないだろうか。これまで座学，すなわち講義授業のサポート的な役割しか果たしてこなかったこのようなプログラムが，今後の高等教育におけるメインストリームを担う可能性が高いと，筆者自身は考えている[1]。

　ではなぜ，PBL が，上記のようなインパクトをもっており，評価が与えられる（与えられるべき）枠組みなのか，ここでは，ケラー（2010）の「ARCS モデル」によって，本書で紹介した事例についての考察を行いたい。

第1節　ARCS モデルについて

　まずは，そのモデル自体について簡単にまとめておこう。ケラーは，注意（Attention），関連性（Relevance），自信（Confidence），満足感（Satisfaction）の四つの領域それぞれにおいて，学習者の意欲を刺激・保持する必要があると考えたが，最初の分類「注意（Attention）」においては，「学習者の関心を獲得する。学ぶ

---

[1] 地域貢献や地域課題の解決そのものをプログラムの中心に据えたような学部学科も登場してきている。たとえば，高知大学地域協働学部〈http://www.kochi-u.ac.jp/rc/（最終確認日：2018年12月5日）〉や追手門学院大学地域創造学部〈https://www.otemon.ac.jp/nyushi/education/region/（最終確認日：2018年12月5日）〉などの取り組みを参照のこと。

好奇心を刺激する」重要性を述べている。これを敷衍するなら，おもしろい刺激的な教育プログラムでなければ，学習者はそもそも参加しようとしないだろうということである。

次に，「関連性（Relevance）」については，「学習者の肯定的な態度に作用する個人的ニーズやゴールを満たす」と定義している。このことはたとえば，PBL への参加が，学習者自身の短所を改善する，もっと具体的にいえば，就業時に活かせる技能を養ってくれるといった意義を感じさせるようなものでなければ，学習の継続は難しいということである。

さらに，これまでの分類基準を満たす，意欲の高い学習者であったとしても，その学習プログラムが（小さな）成功を経験できるものであったり，あるいは「自分たちの成功に向けて工夫するための手がかり」になるものが盛り込まれていなければ，効果的な学習継続は見込めないかもしれない。これが「自信（Confidence）」の分類で留意すべきこととなる。

さて，ここまで達成できれば，学習は動機づけられたといえるが，最後の「満足感（Satisfaction）」に関しては，次のステージへ向けた学習意欲の継続や，学んだことを応用したいと思える異なる場面においても挑戦したいという意欲につながるものであり，学習の一連の成果について，「（内的と外的）報奨によって達成を強化する」必要があると述べられている。

それでは，こういった ARCS モデルのフレームを用いて，本書で紹介してきた PBL の有用性などについて検討と整理をしておこう。

第 2 節　ARCS モデルによる当該 PBL の評価

2-1　注意（Attention）

学習者の注意をひきつけ，魅力あるプログラム，すなわち，PBL であるならば，最初からの参加者は，最後まで離脱することはないだろうという仮説が成り立つかもしれない。さらにいえば，本書で紹介した事例は単位外の取り組みであるから，単位を取得するために，受講生が我慢するということにもなりにくい。したがって，本書で紹介した PBL の参加者の継続・定着率をこの領域の指標としてみたい。

先述の通り，2008 年の南山城村インターンシップを本書で紹介した PBL の始まりとするなら，各参加学生を年次（回生）ごとに捉え，2011 年 3 月末卒業生を第 1 期の PBL に参加した学生とみると，継続率は次のようになっていた（留学生やスポ

ット参加の学生は活動が短期間のため除いた)。

> - 2011 年 3 月末卒業・第 1 期 PBL 学生 6 名（当初参加 8 名：継続率 75%)
> - 2012 年 3 月末卒業・第 2 期 PBL 学生 2 名（当初参加 4 名：継続率 50%)
> - 2013 年 3 月末卒業・第 3 期 PBL 学生 3 名（当初参加 6 名：継続率 50%)
> - 2014 年 3 月末卒業・第 4 期 PBL 学生 2 名（当初参加 3 名：継続率 66.7%)
> - 2015 年 3 月末卒業・第 5 期 PBL 学生 5 名（当初参加 7 名：継続率 71.4%)
> - 2016 年 3 月末卒業・第 6 期 PBL 学生 6 名（当初参加 8 名：継続率 75%)

　2017 年 3 月末卒業時点の参加学生は 0 名であったのでカウントせずに，ここまでの合計を出しておくと，当初参加学生が 36 名で，卒業まで継続参加の学生が 24 名，66.7% となっていた。この割合自体はこの PBL が自主参加の方式にもかかわらず，決して高い数値とはいえない。しかしこの PBL プログラムも，年を追うごとに魅力あるものとして発展，成長してきており，継続率が伸びてきていることを評価してみたいと考えている（第 1 期学生はゼロから切り拓いたという意味で，かなり主体的，能動的であったため継続率のスコアが高くなったものと考えられる。したがって，第 2 期学生を実質のスタートとするなら，25 ポイントも数値は伸びた)。

　ただ，アクティブ・ラーニング（能動的学修）に対する苦手意識をもつ大学生が依然として一定数存在している[2]ように，また，前章における佐藤さんのインタビュー内容にも明らかなように，大学（学部学科）全体からみると，本書で紹介した PBL への参加学生数（率）が伸びてきているわけではなく（たとえば，2014 年 3 月末時点の法律政策学科卒業者数 50 名からすると，同時点 2 名の PBL に参加した学生数は 4% の参加率ということになっていた。他の年次も同様で，10% を超えた年はない)，ま

---

2) この点については，近田・杉野（2015）を参照されたい。なお，アドビが実施した Z 世代（12-18 歳まで）の意識調査結果によると，「アクティブラーニングや実習・演習が効果的」とする回答は，アメリカ 78%，イギリス 65% に対して，日本では 35% と低位にとどまっていることが明らかにされていた〈https://www.adobe.com/content/dam/acom/jp/news-room/pdfs/201706/20170629-japan-gen-z.pdf（最終確認日：2018 年 12 月 5 日)〉。また，ベネッセ教育総合研究所の調査によると，大学がディスカッションなどの主体的・対話的な授業を増やす改革を進める一方，学生側の学ぶ姿勢は逆に受け身になっていたということが指摘されており（2017 年 8 月 10 日付『日本経済新聞』)，PBL を展開する上での課題として留意しなければならないだろう。

だまだ多くの学生をひきつけられているわけではないという課題が残っている[3]。

2-2 関連性（Relevance）

この点については，PBLへの参加者が，どのように自分自身の成長や能力の向上に引き寄せて取り組めているのかということであり，それらを明らかにするべく，各意見聴取の結果をまとめておく。

【PBLを通じて成長したこと】[4]
- 「知ること」の重要さを理解できたことである。活動対象となる地域を知らないことには，具体的な活動を展開できないわけで，関連するさまざまな知識も身につけることができた。
- 活動において，他人に対して接する態度や話を聴く姿勢などを学ぶことができた。地域住民と関わることでコミュニケーション能力が向上した。
- 組織における個々人の役割の大切さを，活動を通じて実践的に学ぶことができた。
- 活動を通して，地域住民と学生の信頼関係の大切さを学んだ。
- 活動を通して，人と人との関係の大切さを改めて学び，その中で，主体性・協調性をもって行動することの意義を理解できた。
- 自分自身の気持ちと行動次第で，相手の気持ちや行動に影響を与えることができると知った。
- PBL以外での自分自身の行動についても，取り組む考え方が変わってきた。
- 先輩方がこれまで頑張ってきたことや，地域の方々と作り上げてきた信頼関係を目の当たりにし，行動を共にしていく中で，チームが団結する大切さを学んだ[5]。

---

3) ただし，大阪国際大学の2016（平成28）年度「自己点検評価書」によると，「ボランティアバンク」への登録学生は300名を超えており，大阪国際大学在籍者数の8名に1名は当該活動に従事していることになっている。
4) 大阪国際大学地域協働センター主催の「平成27年度活動報告会」（2016年3月9日開催）におけるPBL学生作成の資料および筆者とのフォローインタビュー（2016年3月28日実施）内容に基づく。

さて，自分たちの取り組んできたPBLに対し，こういった意義や効果を見出せるようになるまでに成長した学生らも，そのほとんどが，開始時には，「面倒くさい」「ボランティアがやるもの」などの反応を示していた[6]ことは記憶しておくべきだろう。やはり，地域に関わる前は，「無償労働」「時間に余裕のある人が行うもの」というイメージが強かったようであり，そこからの変容には目を見張るものがある[7]。

■ 2-3 自信（Confidence）

この項目は，PBLを通じた達成感や成功への手がかりをつかめているかということであり，PBLによる学びや気づきを堂々と自分や他者に対して，表現（プレゼンテーション）できているかを確認するための項目である。たとえば，PBL参加者の就職率やまちづくりコンテストなどにおける受賞状況がそれに置き換えられるであろう。

後者のまちづくりコンテストなどの受賞については再掲となるので前章記載内容をみてもらうとして，ここでは，PBL参加者の就職率について，前記の「継続率」で確認した枠組みによって整理しておくことにする（契約社員やフリーター・アルバイトなどの非正規社員や専門学校進学などは除いた）。

- 2011年3月末卒業・第1期PBL学生6名（就職者数4名：就職率66.7％）
- 2012年3月末卒業・第2期PBL学生2名（就職者数2名：就職率100％）
- 2013年3月末卒業・第3期PBL学生3名（就職者数2名：就職率66.7％）
- 2014年3月末卒業・第4期PBL学生2名（就職者数2名：就職率100％）
- 2015年3月末卒業・第5期PBL学生5名（就職者数5名：就職率100％）
- 2016年3月末卒業・第6期PBL学生6名（就職者数6名：就職率100％）

---

5) 継続した年次をまたぐPBLでは，先輩の取り組み姿勢などを見本として自身の成長のきっかけにできることも，大きな特徴の一つといえる。たとえば，大阪国際大学における退学者調査に携わってくれた特定非営利活動法人NEWVERYによると，「最初から出席や勉強を引っ張る先輩や友達がいれば違う結論になった可能性もある」（2016年2月17日報告会内容より）という中退者のインタビュー意見を提示していたが，PBLには，そういった紐帯を作り出す効果もあるのだろう。
6) 注4に同じ。
7) 第4章第2節「PBL参加学生に訪れた変容」についても参照されたい。

就職率については，各年次における社会経済情勢の影響が大きく，PBL に参加した学生の能力の伸長などだけによるものではないことは十分に承知した上で，それでも，当該 PBL を最後までやり遂げた 24 名の学生中，21 名の者が正社員（職員）として就職できたということは事実である。大阪国際大学の実際の就職率がおおむね 70％前後で推移[8]していることを考えると，当該の PBL に参加した学生のそれは 87.5％であり，評価されてよいのではないか。下記の「社会人基礎力」の各項目における数値向上にも示されているように，PBL による小さな成功が好循環を生み，自分自身への大きな自信へとつながったのであろう。

◆参考：「社会人基礎力」による学生変容度合のチェック

経済産業省が 2006 年より提唱している「社会人基礎力」（「前に踏み出す力：アクション」「考え抜く力：シンキング」「チームで働く力：チームワーク」）を用いて，2014-15 年度の PBL に参加した学生（5 名）の追跡調査を行ったところ，次のような変容が確認された。

まず，3 領域 12 項目における 5 段階評価の平均値は 3.35（2014 年 11 月）から 3.78（2016 年 2 月）に上昇した。内訳としては，「アクション」が同じく 3.33 から 3.67 ポイントへ，「シンキング」は 3.33 から 3.60 へ，そしてとくに，「チームワーク」では 3.40 から 4.07 へと，組織力の点でみてもっとも大きな伸長がみられた。たとえばこれら数値を，河合塾（2011）におけるネット調査の 22-26 歳群と比較すると，そこでは，「アクション」が 3.33，「シンキング」が 3.40，「チームワーク」が 3.48，合計で 3.43 ポイントであったから，PBL に参加したことで一定の成長を認めてもよいかもしれない。

2-4　満足感（Satisfaction）

ここでは，学生自身が住んでいる地域への貢献を行いたくなったということや，OB／OG として継続的に後輩のフォローや地域に関わり続けたいという思い，また，当該 PBL を経たことで，大学の他の関連科目の意義を理解し，受講態度に変容が現れるといったことも指標としては使えるものだと考えている[9]。

---

[8] たとえば，大阪国際大学の「2016 年度大学就職状況」データより，就職決定者数 324 名を卒業者数 443 名で割ると，73.1％という実就職率が導き出されている〈http://www.oiu.ac.jp/shinro/employment/course.html（最終確認日：2017 年 11 月 18 日）〉。

大学 1 回生時より当該 PBL に参加し，2017 年度のリーダーを務めた佐藤寿希さんや，2013 年度に南山城村 PBL の先導役となった三登康太郎さんのコメントを振り返ってみても，「満足感」は十分に達成できているのではないだろうか（それぞれ，第 4 章表 4-3 のインタビュー 3. や第 3 章 73-74 頁の気づき内容を参照されたい）。

第 3 節　他大学 PBL 事例からの考察

ここでは，大阪国際大学の PBL 事例から少し離れて，他大学の実践の検証から，地域を志向する PBL の妥当性や課題などについてまとめておきたい。

■ 3-1　鳥取大学地域学部における地域実践教育からの補足 [10]

鳥取大学の地域学部では，地域学を基盤とした地域実践教育にこれまで取り組んできているが，フォーマル／インフォーマル問わず，数多くの地域連携・協働型のプロジェクトが進められている。そして，同学部地域学科の福田教授を中心に，こういったプロジェクトを通した教育研究の効果を検証する取り組みが，2013 年度からの 3 年間にわたり行われた。ここではひとまず，2014 年度に行われた，地域学部の全卒業者を対象とする調査の報告書から，参加学生にどういった変容が訪れ，また，生起しなかったのかについて確認しておく。

たとえば，卒業時のキャリア能力認識の状況として，「既存の枠組みにとらわれず創造的な解決を考える力（創造的解決）」(46.6%)，「自分の考えや意見をまとまりよく上手に伝える力（意見表明）」(50.0%)，「目的に向かって周囲の人々に働き

---

9) この関連では，関西大学で 2009-11 年度に実施された「三者協働型アクティブ・ラーニングの展開」の成果が示唆に富んでいる。トレーニングを積んだ学生アシスタントがサポートする形で，初年次のスタディスキルゼミを中心に，参加学生のアクティビティを徹底的に引き出す授業改善が行われたのだが，その結果，GPA 上位を占める学生比率が，当該スキルゼミ受講生は一般学生よりも 3 割程度高いという具体的な学習成果に反映された〈http://www.jsps.go.jp/j-pue/data/kohyo/h21/daigaku/69.pdf（最終確認日：2018 年 12 月 5 日)〉。

10) 主に，福田恵子・山根俊喜・竹川俊夫・筒井一伸・大谷直史・長尾博暢「地域学部生の地域をフィールドとした学びの状況とその効果―2014 年 3 月の卒業生を対象として」（「地域協働教育の意義と効果の検証活動報告（H25 年度）」〈http://www.rs.tottori-u.ac.jp/cgi-bin/saiseiproreport/syousai-page/topics.cgi?page=20（最終確認日：2018 年 12 月 5 日)〉を参考にした。

かける力（働きかけ）」（46.3%），「課題に取り組むときは見通しをもって実現性の高い計画を立てて進める力（見通し）」（49.7%）の4項目において，「ややあてはまる」および「あてはまる」と肯定的に回答した学生の割合が半数に達していないことが明らかになっている。一方で，「状況に応じた自己抑制」や「他者理解」といった項目を含む「協働力」や，将来展望を描く「キャリアプランニング力」については，おおむね65%以上の者が肯定的な回答を寄せていた。福田らは，「協働力」はもともと入学時より高い能力，「キャリアプランニング力」は4年間でももっとも向上する能力，「主体的創造的関与力」は4年間での向上が見込まれる能力，「実現的で柔軟性のある計画力」は入学時より向上が見込めず自信がもてない能力であると，2013年調査をもとに整理していたが，2014年調査でも，その傾向が継続する結果になっている[11]。

なお，「地域をフィールドとした学びとキャリア能力認識の関連」については，フォーマルカリキュラムにおける「学外での調査研究」「地域と連携した実践的な活動」，「学外での発表の機会」は，学生の「主体性」（主体的創造的関与力の一つ）を育むことに正の相関があることが見出されている。また，インフォーマルカリキュラムにおいては，とくに「授業の発展」として企画された任意の活動が，「主体性」や「他者理解」に関係していることも認められている。ただし，その他のインフォーマルな活動（ゼミを核とした活動や教員・住民・行政・企業・団体などが企画した活動，学生主体の活動など）への参加状況と能力認識との間では，有意な関連が当該調査からは認められておらず，今後のさらなる考察が待たれている。

以上の理解としては，4年間地域と向き合う学問体系を用意したとしても，「主体性」や「創造性」の涵養には限界があり，PDCAサイクルを体現していくにも，もう少しブレイクスルーが必要ではないかとも考えられよう。また，個々の地域と向

---

11) たとえば，同じく鳥取大学の大谷ら（2016：92）によると，「わたしたちが日常を離れ，ある地域で他者と出会うとき」「「近代的な暮らしの利便性への疑問」や「地域における「家族」や「幸せ」のありかた」「「他者」との関係性」から，「「これからの自分の生き方を考えようとするスタイルの学び」，「社会参加への一歩を踏み出す」こと，「新しい社会的ネットワークの形成」へとつながる」効果が期待されている。このように，「多くの学生にとって，地域は（自らもその一員であるにもかかわらず）未知の領域であ」り，「そうした学生にとっては，日常的な人間関係や規範を離れ，外側から自分を見つめなおす契機を提供」してくれるという肯定的評価が示されており，「インキュベーター（孵化装置）」としての地域を通じた教育の可能性を読み取ることができる。

き合うプログラムやプロジェクトが，教員が主体的に関わるフォーマルなもの以外，ほとんど能力認識との関連がなかったことについて，インフォーマル（ノンフォーマル）な取り組みの限界を指摘することもできようが，現時点での両方の考察については，今後の多角的分析とあわせて，慎重に扱うべきだと考えられる。とくに，インフォーマル（ノンフォーマル）な PBL に対してほとんど意味がないデータであると結論づけるのは早計である[12]。

第 4 節　本書で紹介した PBL の社会的な貢献・インパクト

　南山城村事例のリーダーとして紹介した根岸さんに代表されるように，住民自治やガバナンス，協働といった概念を可視化し，自らの血肉として理解できたことは，当該 PBL の大きな収穫であり，現行の座学方式を主とする社会科学系教育に一石を投じたといえよう。

　とくに，協働概念については，内発的発展（活性化）の限界が指摘されている中，外部資源も含んださまざまな課題関係者（ステークホルダー）と目的を共有するアクター群による，ネットワーク型の解決を図っていかなければならないことは明白であるものの，日本における協働概念の歴史は浅く，いまだ，官と民との対等な関係性（パートナーシップ）がクローズアップされるなど，地に足の着いたものとはなっていない。

　ひるがえって，課題を共有しネットワーク型の解決を図るということを意識した場合，そのことは本来，「共に結果を生み出すことに責任を負っていく」ということ（co-production：コ・プロダクション）[13] が妥当であり，プロジェクト参加学生は

---

[12] たとえば，同志社大学政策学部新川ゼミによる「京都市上京区を中心とする地域連携による地域活性化プロジェクト」の学修成果として，「①地域に持続的に関わっていくことで，コミュニケーションの基本である双方向からの相互理解ができ，共通目的の一致が見られたこと」「②異なる世代との対話からコミュニケーション能力が増したこと」「③地域と一緒に考えることで，学生が主役とならない，人をつなぐプランニングができたこと」「④住民も学生も，まちづくりを通じて，共に学び，共に成長し，共に変化していったこと」などが挙げられていた（「『大学間連携共同教育推進事業』学習効果に関する研究会」〈同志社大学政策学部主催，2014 年 10 月 8 日（水曜日）15:30-17:00，於・同志社大学新町キャンパス渓水館 1 階会議室〉における報告内容より。また，同志社大学政策学部新川ゼミ第 2 期生『新川ゼミ研究論集　待賢学区における上京区まちづくり事業の実践活動報告』，同志社大学政策学部，2014 年も参照されたい）。
[13] Ostrom & Bish（1977）を参照のこと。

そのアクションを，自ら行ってきた（これからも行っていく）ということに相応の意義を見出すことができる。

　たとえば，「高尾会議」や「NPO法人すがはらひがし」との協働は，「社会課題に効果的に取り組み，地域コミュニティの利益として新しい価値をもたらすことを目的に，一つ以上の非営利活動組織間に形成された明確なコラボレーション」（Henry, 2015：141）として定義される「ソーシャル・エンタープライズ・パートナーシップ（Social Enterprise Partnership）」の萌芽ともみなせるだろう。

　なお，こういった動きが，より動態的，包括的，そして重層的なものへと，PBL（参加学生）を起点とするダイナミズムによって再編成・再構築されていったならば，近年，ヨーロッパで議論されている「シティ・リージョン（City Region）」（=「自律的で共有された社会的秩序」）[14]といった空間認識の考え方も射程に入ってくることになるだろう[15]。

　筆者の専門分野でいくと，よきガバメントにはよきガバナンスが前提となるはずで，その内実を実体化していくのは人間である。地域に根差した公共的な人々を数多く輩出していくことが，地域を持続可能なものにしていくのであろう。今回のPBLはほんの些細な一事例であったのかもしれないが，学生が入れ代わり立ち代わり参加することで，彼／彼女たちにも変容は訪れている。PBLがただ単に地域課題を捉えてやればすべてうまくいくものではないことはこれまで述べてきた通りだが，しっかりと地域との関係性・信頼関係を構築した中で行えば，当該年度に牽引してきた学生たちが卒業してしまっても，それは機能し続ける[16]。

　また，枚方市菅原東校区における「コミュニティジュニア」（第2章注12）参照）や南山城村における「高尾会議」などの例でもみたように，それに関わる，受け皿となっている地域側にも多少の変容は生起している。経済的な活性化にしても，社会的な活性化にしても，もちろんPBLだけが万能薬であるわけはないし，むしろ，問題解決に貢献するというよりも，解決へ向けたプロセスにおける学びを生みだしているにすぎないと考えた方がよい。それでも，PBLを一つの大きな道具として位

---

14) Rodriguez-Pose（2008）を参照のこと。
15) PBL学生が媒介する地域間交流は，一地域一時点だけでの活性化取り組み（目立つ花火のような一回きりのイベントをやることで部分最適化を図るようなもの）における失敗，すなわち〈局所性〉〈泡沫性〉の指摘を乗り越えるきっかけを作るかもしれない（渥美（2016）などを参照のこと）。
16) 注15を参照のこと。

置づけ，地学ともに真摯に取り組んでいくことに，新しい大学と地域社会の可能性と方向性があると，筆者は信じてやまない。

　無論，ここまでも述べたように，当該 PBL にも課題は山積している。たとえば，一つに，多くの人々の育成に貢献しているかというと，そうともいえない。きびしい見方をすれば，毎年，大阪国際大学の PR にもなってもらえるような少数の学生を生み出している（「ホワイトハウス・フェロー制度」[17] のようなもの）にすぎないのかもしれない。そういう意味では，この PBL もまだまだ変化していかなければならないし，他のプログラムも組み合わせて規模を大きくしていかなければならない。ともかく，PBL に参加してもらうだけで，一年後には見事に成長してくれているといったような楽観的な見方は禁物なのである。

第 5 節　PBL 担当教員の役割

　PBL 企画・推進（支援）者としての教員は，プログラムの中に「落としどころ」を用意したり，自身の考えている方向に誘導することなどはきびしく慎まなければならない。そういった意味では，非常に優秀なファシリテーター[18] にならなければいけないわけだが，PBL 参加学生が経験体験から気づくことはさまざまであり，その多様性にこそ次なる展開の価値を見出すべきである（PBL を実践してみたい，あるいはやっているのだが，どうもうまくいかないという方は，一度ファシリテーション研修を受講してみるとよい[19]。参加型の取り組みにおけるさまざまな気づきがきっと得られるはずだ）。

　結局，地域現場のなかで，課題関係者とともに自由に考え行動させてみる[20] ということが重要である[21]。教員はプロデューサーとして，予算面の調整やアクターと

---

17) ガルシア（2010）を参照のこと。
18)「ファシリテーション（facilitation）とは，人々の活動が容易にできるよう支援し，うまくことが運ぶよう舵取りすること」で，「集団による問題解決，アイデア創造，教育，学習等，あらゆる知識創造活動を支援し促進していく働きを意味し」ている。「その役割を担う人がファシリテーター（facilitator）であり，会議で言えば進行役」となる（「ファシリテーションとは？」〈https://www2.faj.or.jp/facilitation/（最終確認日：2017 年 11 月 30 日）〉）。
19) 特定非営利活動法人日本ファシリテーション協会が，全国各地において，公開セミナー「ファシリテーション基礎講座」を開いており参考になる〈http://www.faj.or.jp（最終確認日：2017 年 11 月 30 日）〉。

の折衝，コンプライアンス問題が起きた時の処理，最終的な責任主体として振る舞うのが一番である。ただし，これは，黒子役に徹して前に出ないということを意味するものではないし，「ほったらかし」にすることで，PBL 参加学生の「やりっぱなし」状態を放置しておくということでもない[22]。先述の通り，個人の成長も，学習コミュニティとしての成長も，それは「ふりかえり」[23] をきちんと効果的に行い，次の実践にいかに結び付けていくか，まさしく，担当教員のファシリテーション次第によると思われる。プロデューサーでありかつファシリテーターとして，教員自身も努力が必要ではないだろうか。

この他，広報マンとしてサポートできるということも重要である。ここまでに触れた通り，メディアに取り上げられることで，学生の成長が促進され，地域や自らの参加する PBL のメンバー・関係者などに対する愛着や敬意をもつようになるし，何より，自尊心が高まる効果もうかがわれている[24]。こういった正の循環を生み出

---

20) たとえば，「認知的方略」について整理したガニェら (2007) や「自己調整学習 (Self-regulated Learning)」を論じたジマーマン・シャンク (2006) なども参照されたい。
21) 全学的に体系的な PBL を展開していく場合は，企業や NPO，自治体などの関係者を交えてコンソーシアム化を図ることが，円滑に進めていくための知恵である。このことについては，次代の担い手たる若者参画型，かつ産学官民などのマルチステークホルダー体制によるコンソーシアムを形成し成功を収めている山梨県の事例などを参照されたい（戸田, 2012）。
22) ワークショップデザインの研究をしている安斎勇樹も，PBL における適切なファシリテーションのありかたとして，「プロジェクトの成果が学習の質に直結する以上，ときには教員自身もプロジェクトの「参加者」として，議論の過程に参加し，ときにアイデアを自ら提案し，創造の過程に介入して成果の質を底上げする支援が必要」であると述べている〈http://yukianzai.com/blog/2015/07/02/621（最終確認日：2017 年 12 月 12 日)〉。
23) 本書を通じて繰り返されてきたキーワードであり，教育的営為である当該概念につき，改めて説明は不要と思われるが，PBL のような経験学習も，「内省（リフレクション）」を促す支援がなされることで，初めて活用できよう。具体的経験から抽象的な概念化が自動的に導かれるわけではないということを胆に銘じなければならない（中原，2010）。また，ふりかえりを有効に機能させるためには，一つひとつの PBL を取り巻くコミュニティにおいて，関係者に上下なく，批判的対話が可能な場としても創造されなければならない（楠見, 2011）。
24) たとえば，ここまでにふれた，PBL 参加学生における就職率の高さや政策フォーラムでの受賞成績などを勘案すれば理解できるだろう。メンバーや関係者などに対する思いは，佐藤さんのインタビュー内容や「南山城村まちづくり政策フィールドワーク」参加の学生の気づきなどを参照されたい。

すためにも，ポイントごとにマスメディアに情報をリークし，記事などに取り上げてもらうことも一考に値する。都市部での取り組みは，他情報も多く，なかなか扱ってもらえないかもしれないが，郡部においては，地域版の中で記事になるチャンスが多い[25]。また，PBL で関わっている地域の役所・役場には，担当の記者が出入りしており，そういった人たちとのネットワークづくりも，実は大切である。

第6節　グローバル人材育成へのかけはし

　近年，グローバル人材の育成ということが官民問わず唱道されている。大学においても，「グローバル＊＊」などという名称の学部学科が作られ，当該人材の育成が一つの大きなトレンドになっている。そういった中，民間企業の研修では，「異国の地でビジネス成果を追求しながらグローバルマインドセットを育む」体験型プログラムが実施され始めている（『企業と人材』2013 年 12 月号：23-25 を参照のこと）[26]。

　これはたとえば，異国の地で与えられるミッションを完了することでグローバルマインドセットが育まれるというもので，MBA 留学や語学研修，海外トレーニー制度などでは育めない意識の変革を短期間で実現するとされている。こういった現地体験型プログラムの効果としては，「①自ら考えて行動する主体性」「②突破力・実行力・胆力」「③語学力に依存しないコミュニケーション能力」「④あらゆる状況に対応できる力」「⑤顧客に対して成果を出す志向」「⑥どんなことにもくよくよしないメンタルタフネス」「⑦海外での成功体験」「⑧どこでもやっていける自信」が

---

25) G-search 提供の「新聞・雑誌記事横断検索」〈http://db.g-search.or.jp/g_news/RXCN.html〉によって，2001 年 1 月 1 日から 2008 年 3 月 31 日までと，PBL 学生が南山城村に入り始めた 2008 年 4 月 1 日以降 2014 年 6 月 30 日までとを比較してみたところ，「南山城村×大学生」という記事は，前者が 25 件に対し後者は 46 件にのぼっていた。同様に，「南山城村×若者」は 51/88 件，「南山城村×移住」は 19/95 件，「南山城村×活性化」は 81/209 件となっていた。南山城村では近年，20-40 代の移住者が増加しているが（2006-14 年で 34 名の移住があり，そのうち 20-40 代が 20 名で，0-19 歳も 9 名），当該 PBL 関連の記事も本書で紹介しただけで複数あった。水野（2013）のいう「バンドワゴン効果」ではないが，南山城村は若者やヨソモノがよく出入りしており，地域側としても受け入れてくれる素地があるという評価が定着してきているのかもしれない。メディアを活用した情報発信は，地域活性化においてやはり欠かせないことなのだ。
26) 群馬県の共愛学園前橋国際大学などでも，こういったタイプの PBL を導入し始めている（共愛学園前橋国際大学, 2014）。

身につくとされているのだが，ご了解の通り，本書で紹介した学生たちの成長した姿に相似していることがうかがわれるのである（⑤の「顧客」を「地域住民」に，⑦の「海外」を「課題解決現場」や「異文化の土地」と置き換えればそのまま該当しよう）。

　民間企業でも採用されてきているように，PBL は，近年のトレンドでもあるグローバル人材の育成にも役に立つといわれている。そして，ここからは筆者の考えであるが，いきなり海外での PBL あるいはインターンシップとなると，近頃の国内志向の強い学生たちには少々ハードルが高い。そこで，入学後早いうちに，たとえば，郡部などにおける地域活性化の PBL に 1 年間取り組んで，そこで「一定の能力向上が図れた」「自信がついた」「所期の目的が果たせた」と言う学生たちの，次のステップとして，海外 PBL を 3，4 年次に配置していってはどうだろうか。学生をして，日本語が文法上通じるということ以外（語義上，文脈上伝わるかは別問題），国内での PBL も異文化体験には変わりはない。全学的にグローバル人材育成を志向するのであれば，やみくもに，海外に送るのではなく，国内現場での PBL と組み合わせ，体系的なプログラムとして，学生の成長像をイメージしてみてはどうだろうか[27]。

第 7 節　地域に「人々」を残していくツールとして

　『朝日新聞』の 2014 年 9 月 26 日付朝刊記事によると，摂南大学と和歌山県すさみ町が 2010 年に町づくり協定を結ぶ中，サークル「ボランティア・スタッフズ」の学生たちによる地域活性化活動が展開されてきており，2013 年春には，その卒業生からすさみ町役場に就職した者も現れたということだった。内閣府の世論調査（2014 年 6 月実施）によると，「農山漁村への定住願望が「ある」」と回答した者は 31.6％で，2005 年の同じ調査から 11 ポイント上昇したことが明らかになっており，

---

[27] この点に関しては，山口県立大学の「インターローカル人材」の育成が参考になるだろう。当該人材に必要な能力として，「A：異なる視点から物事を見る力」「C：コミュニケーション能力やコミュニティマインド」「Cr：批判的創造力」「O：オープンな目的意識に基づいた実行力」「S1：自己アイデンティティ」「S2：システム発見・構築力」という「ACCrOSS 能力」を定義していることも興味深い（山口県立大学，2014）。また，摂南大学では，正規授業である「PBL 学生プロジェクト」を経た学生のうち，「国際協力機構（JICA）が実施する青年海外協力隊に現役学生として合格し，開発途上国において活動している学生が 31 名」に上っていることが明らかになっている（浅野，2013）。

中でも20歳代では，38.7％ともっとも高い数値を示していた。

本書で紹介したPBL事例からも，たとえば第3章で紹介した関口さんは，一般企業に就職後，PBLで活動した南山城村への愛着が捨てられず，会社をやめて，採用試験を受け直し，2014年春から南山城村職員として働いている。現在では，筆者ではなしえない，南山城村PBLの現地在住コーディネーターであり，後輩たちのよきアドバイザーとなってくれている。

また，第2章で紹介した小竹森さんは，地域おこし協力隊員として鳥取県智頭町で活躍する中，町内の山郷地区において，

図5-1　智頭町地域おこし協力隊時代の
小竹森さんを紹介した新聞記事
(出所：2014年6月17日付
『日本海新聞』記事より)

2012年3月に廃校となった旧山郷小学校の利活用方策を検討し，2014年3月には，地域住民主体のコミュニティレストランを開設し，成功を収めた。地域全体として体験型イベントなどを開催し，都市住民が旧校舎に滞在してもらえるような仕掛けを企画するなど，地域の人にとって当たり前であるがゆえに気づかないような資源にスポットライトをあてる役回りも見事に果たすようになっていた。現在では，3年の任期を終え，大阪府門真市において，NPO法人事務局長として地域課題の解決に勤しんでいる。

彼ら以外にも，南山城村事例で紹介した三登さんは「多くの人との「つながり」が生まれた京都府の南山城村は，私にとって第二の故郷となりました。卒業後もぜひ訪れたいと思います」と述べるなど，「地域」への関心や愛着が，本書で紹介したPBLを通じて参加学生らに培われていると筆者は自負している。

当事者である地域住民のオーナーシップに，ヨソモノである学生らのこういった関心や愛着（自分は別の場所に住んでいるが，＊＊地域の人間でもあるというアイデンティティ）が相まって，「地域」の存在は持続可能的であり続けられるのではないだろうか[28]。目先の地域活性化にこだわることなく，長期的な視点からも，さまざまな「地域」に人々を残すような取り組みとして「地べたのPBL」を構想していく必要がある。

第8節 「場所」を通じた学び

　岩崎・髙野（2010）によると，地域の希望とは，まず地域の存在論を確立することにあり，それは，地域に人が住んでいるという事実だけに存在意義を認める立場を指すという。他方，地域をどう認識するのかという問題群は，地域にどんな資源があるのかを探すことと関係しており，その資源を商品化して地域を売り出していくことにつながっている。現実には，ここでいう認識論だけで地域の価値判断がなされる場合がほとんどであるが，本来，地域の認識論は地域の存在論を土台とするべきだとも述べられている。

　ここで，南山城村 PBL で紹介した根岸さんの気づきを今一度振り返っておこう。彼は，京都新聞社のインタビューに答える形で，次のように述べていた。

> 極端な話かもしれないが，高齢化率は100％でも良いと思う。地域の在り方はそこに住む人が決める。その思いを手助けしたい。高尾から活動が広がり，村全体で地域を考えるきっかけが生まれれば嬉しい。（波線部は筆者）

　まさしく，そこ（この事例では南山城村高尾地区）に存在している人やモノゴトに敬意を払い，自分たちが関わることによる希望を見出しているのではないか。関わりの最初においては，みんなどこか他人事で，強制的にやらされているような感覚をもっていたわけだ。それが，「場所，地域」を通じた PBL（Place Based Learning）によって，彼・彼女らの認識を変え，結果として，それぞれの思う「場所，地域」づくりの担い手として，さまざまな地域資源に働きかけ，巻き込み，諸々

---

28) この点については，富野（2017）を参照のこと。彼は，地元民のオーナーシップと関心をもっている人たちのアイデンティティの両方があると，コモン（共有）という概念ができてくると述べている。

29) たとえば，菅原東校区の PBL に関わっている上野南海さん（2018年現在，国際教養学部4回生）は，「将来的に家庭を持ち，どこかに住むとなれば，地域との関わりは避けることはできない。いま，こうやってまちづくりをしているモデルを知っておくことで，自分自身が地域に貢献できる術は何か，どう活かしていけるのか考えることができる。是非とも，何年後かに，リレーを受け取って活躍していきたいなと思った」（2017年7月7日の菅原東校区 PBL ふりかえりレポート内容より）と述べており，まだ見ぬ「地域人」としての自分の姿に思いを馳せ，誓いを立てていることなどに明らかであろう。

の活動を引き起こす可能性をもった主体として位置づけられたのである。
　たしかに，本書を通じてみたように，PBL によって劇的な課題解決が地域や関係者にもたらされたとはいえない。さらに，広範なアクターを巻き込んだ協働に発展していっているかもわからない。ましてや，経済的な地域活性化にはほど遠いだろう。それでも，当該 PBL の参加学生らは，南山城村や菅原東校区といった「場所，地域」の存在を見出して，自分の中に位置づけて，それぞれなりに寄り添ってきた（いる）のではないか。そして，その「場所，地域」は，自分の本来固有のそれらにもつながっているのではないか[29]。
　PBL に参加した学生らの「場所，地域」への思いは，地域住民との信頼感や愛着，関心，そして離れていてもそこに心はあるという帰属意識を生み出し，わずかながらも地域社会の変革に貢献している。
　Krznaric（2010）によれば，こういった「感情移入（empathy）」は，教育的な学習，人々の間の会話の創出，直接的体験の提供によってもたらされるという。もはや，改めて述べるまでもなく，事例のような「地べたの PBL」がすでに貢献していることなのである。

●引用・参考文献
浅野英一（2013）．「「よそ者，若者，大学生」と過疎地域活性化におけるその役割と教育効果―摂南大学 PBL 学生プロジェクトの実践を検証する」『大学教育と情報』2013年度(2)，16-19．
渥美公秀（2016）．「災害ボランティア―秩序化のドライブを超えて」『地方自治職員研修』683，26-28．
岩崎正弥・高野孝子（2010）．『場の教育―「土地に根ざす学び」の水脈』農山漁村文化協会
大谷直史・筒井一伸・福田恵子（2016）．「大学生における地域実践の意義に関するノート―学生座談会をもとに」『地域教育学研究』8(1)，89-92．
ガニェ，R. M.・ゴラス，K. C.・ウェイジャー，W. W.・ケラー，J. M.／鈴木克明・岩崎信［監訳］（2007）．『インストラクショナルデザインの原理』北大路書房
ガルシア，C. P.／池村千秋［訳］（2010）．『ホワイトハウス・フェロー―世界最高峰のリーダーシップ養成プログラムで学んだこと』ダイヤモンド社
河合塾（2011）．「体系的な「社会人基礎力」育成・評価モデルに関する調査・研究実施報告書　H22 年度産業技術人材育成新事業」
共愛学園前橋国際大学（2014）．「国際化する地域の発展を担う「飛び立たないグローバル人材」」『Between』257，16-19．

楠見　孝（2011）.「生涯にわたる批判的思考力の育成」楠見　孝・子安増生・道田泰司［編］『批判的思考力を育む―学士力と社会人基礎力の基盤形成』有斐閣, pp.225-237.
ケラー, J. M.／鈴木克明［監訳］（2010）.『学習意欲をデザインする―ARCS モデルによるインストラクショナルデザイン』北大路書房
ジマーマン, B. J.・シャンク, D. H.／塚野州一［編訳］（2006）.『自己調整学習の理論』北大路書房
近田政博・杉野竜美（2015）.「アクティブラーニング型授業に対する大学生の認識―神戸大学での調査結果から」『大学教育研究』23, 1-19.
戸田達昭（2012）.「地域における学びあいをベースとした熟議と協働―生涯学習の新たな展望について」『社会教育』67(10), 14-21.
富野暉一郎（2017）.「実践型協働教育で地域公共人材の育成を」『ガバナンス』216, 1-4.
中原　淳（2010）.『職場学習論―仕事の学びを科学する』東京大学出版会
水野晶夫（2013）.「「地域が学生を育て，学生が地域を元気にする」地域連携活動の試み―名古屋学院大学の事例から」『大学教育と情報』2013 年度(2), 12-15.
山口県立大学（2014）.「世界と日本の「地域」を結び付けるインターローカル人材を育てる」『Between』257, 9-11.
Henry, C. (2015). Doing well by doing good: Opportunity recognition and the social enterprise partnership. *Journal of Social Entrepreneurship*, 6(2), 137–160.
Krznaric, R. (2010). Empathy and climate change: Proposals for a revolution of human relationships. In S. Skrimshire (Ed.), *Future ethics: Climate change and apocalyptic imagination*. London: Continuum, pp.153–172.
Ostrom, V., & Bish, F. P. (Eds.) (1977). *Comparing urban service delivery systems: Structure and performance*. Beverly Hills, CA: Sage.
Rodriguez-Pose, A. (2008). The rise of the "city-region" concept and its development policy implications. *European Planning Studies*, 16(8), 1025–1046.

あとがき

　振り返ってみると，長いようで短いような十年間だった。ここまで，地域におけるさまざまな体験を共にし学びを得た学生たちの顔と名前が，筆者の脳裏を常によぎり，「いま，彼・彼女らは，どういう思いで，学生時代のPBLの経験をみつめているだろうか。そして，このPBLはその後の彼・彼女らの人生に何を残せただろうか」と自問しながら，本書の執筆を進めてきた。いうまでもなく，十年間にわたり学生がPBLに参加し活動してくれなければ，本書を著すことはできなかった。この場を借りて一人ひとりに感謝申し上げたい。できれば，本書の中で，学生一人ひとりの名前を出して，エピソードを紹介したかったのだが，考察の流れでごく一部の方しか，具体的に触れられなかったことをお許し願いたい。また，筆者以上に，PBL参加学生を現場で指導し，多大な影響を与えてくださった，地域の支援者（PBL推進者：大学の職員も含む）の皆さまにも，この場を借りて厚くお礼申し上げたい。本書をもって，筆者の感謝の念を一人ひとりにお伝えし，今後も引き続いて「協働」をお願いする次第である。

　ところで，筆者がPBLに取り組んだきっかけは，前職（自治体職員）時代の小さな成功体験にあり，それは，座学中心の講義一辺倒であった職員研修を，ワークショップや地域でのフィールドワークを交えた政策形成能力プログラムに置き換えることで，意識変革にとどまらず，職場に戻ってからの能力・技能発揮にも一定の効果を生み出したことにあった。その後，大学教員に転じてからも，当該枠組みを応用し，学生教育の新しいパターンとして展開したのが，本書の内容である。いずれにせよ，これが完成型でもないし，本書でも触れた通り，課題は山積している。ただ，その意味で，このPBLはまだまだ成長発展する可能性をもっているということでもあり，読者の皆さまから，忌憚のないご指導・アドバイスを頂戴したい。

　また，このPBLをデザインし，推進していくことを強く後押しし，筆者の支えとなってくれた大矢吉之先生（2008–13年大阪国際大学現代社会学部長），「田中さんのやってきたことは，これからの大学の在り方を示しているわけですから，書物にまとめ，広く世に問うべきですよ」と出版を勧めてくださった奥林康司先生（2014–17同グローバルビジネス学部長）には頭が上らない。本書の内容がご期待に添えているかどうかは両先生のご判断にお任せするとして，引き続きのご指導を賜りたいと思う。

さらに，筆者を大学教員の道へ誘ってくれた二人の恩師，岡田章宏先生（神戸大学），真山達志先生（同志社大学）にも，本書を捧げ，これまで頂いた学恩に報いたい。お二人は，斯界におけるすばらしい研究者なのだが，筆者にとっては，大学・大学院における学生教育の必要性や意義を，身をもって示してくれた「師匠」である。本書が研究書の高みまで昇華できているか心許ないが，筆者の学生に対する教育的アプローチに対して，今後もアドバイスを頂ければありがたい限りである。

　なお，本書の執筆にあたっては，複数の「同志」（麻布大学・村山史世先生，神田外語大学・石井雅章先生，武蔵野大学・村松陸雄先生，兵庫県立大学・畑正夫先生他）から，研究会などを通じてご助言をいただいた。それらを十分に咀嚼し，内容に組み込めているかはわからないが，筆者の責任として引き受け，今後の改善に努めたいと思う。今後も，引き続いてのご指導を頂戴できれば幸いである。

　そして，本書出版の企画を快く引き受けてくれ，編集の労をとってくださったナカニシヤ出版株式会社の米谷龍幸さんおよび編集部のみなさんにも厚く御礼申し上げたい。企画自体は前からあったのだが，筆者の遅筆により随分とご迷惑をおかけした。

　最後に，本書は，筆者にとって最初の単著となる。ここまで支えとなってくれた，家族にも感謝し，この本を捧げたい。

2018 年 12 月
田中　優

田中　優（たなか まさる）
大阪国際大学経営経済学部教授・経済学科長・同地域協働センターアドバイザー。
1971年大阪府高石市生まれ。神戸大学大学院教育学研究科を修了後，1998年に兵庫県へ入庁，主に「ガバナンス能力の育成」を職員研修所で企画担当。2008年より大阪国際大学現代社会学部専任講師，11年より同学部准教授，18年からは現職を務めている。専門は地方自治論，自治体公共政策。主な著書に，『ローカル・ガバメント論』（真山達志編著，ミネルヴァ書房，2012年）や『政策実施の理論と実像』（真山達志編著，ミネルヴァ書房，2016年）などがある。近年は，地域活性化と学生のガバナンス能力向上の二兎を「地べたのPBL」という手法により追うことに関心を寄せており，京都府南山城村や奈良県吉野町などで活動を展開している（https://ja-jp.facebook.com/hitomatitukuru/ を参照のこと）。

学生・教職員・自治体職員・地域住民のための
地域連携PBLの実践

2018年12月31日　　初版第1刷発行

　　　　　　著　者　田中　優
　　　　　　発行者　中西　良
　　　　　　発行所　株式会社ナカニシヤ出版
　　　　　　〒606-8161　京都市左京区一乗寺木ノ本町15番地
　　　　　　　　　　　　Telephone　　075-723-0111
　　　　　　　　　　　　Facsimile　　075-723-0095
　　　　　　　　Website　http://www.nakanishiya.co.jp/
　　　　　　　　Email　　iihon-ippai@nakanishiya.co.jp
　　　　　　　　　　　　郵便振替　01030-0-13128

印刷・製本＝ファインワークス／装幀＝白沢　正
Copyright © 2018 by M. Tanaka
Printed in Japan.
ISBN978-4-7795-1235-3

本書のコピー，スキャン，デジタル化等の無断複製は著作権法上の例外を除き禁じられています。本書を代行業者等の第三者に依頼してスキャンやデジタル化することはたとえ個人や家庭内での利用であっても著作権法上認められていません。